마에다 켄의

타격 메커니즘 ④
타자 실천편

バッテイングメカニズムブック －動作改善ドリル集

마에다 켄의
타격 메커니즘 4
타자 실천편

마에다 켄前田健 지음 | 이정환 옮김

W미디어

추천사 1

"앞에서 쳐라!" "좀 더 뒤에다 놓고 쳐라!" 내가 선수생활을 하면서 수도 없이 들어온 말이다. 지금 이 책을 읽고 있는 선수들이라면 모두 공감할 수 있을 것이다. 그들이 이 책을 접하게 되면, 그동안 내가 알고 있고 그리고 연습해오던 타격 동작과 전혀 다르기에 처음엔 이게 맞는 것인가 하는 생각도 들 것이다. 하지만 이 책을 통해 과학적이면서도 이론적으로 보다 정확한 몸의 구조와 쓰임들, 가장 효과적인 타격 동작과 훈련법을 알게 되며, 또 자신의 좋은 점과 좋지 않은 점을 알아내어 스스로 단점들을 고쳐 나갈 수 있을 것이다.

지금도 많은 야구 지도자분들은 감각적 이론으로 가르치고 있다. 하지만 이러한 지도 방법은 배우는 입장인 아마야구 선수들에게 혼란을 줄 뿐이다. 반면 이 책은 나의 폼을 자신이 수정할 수 있게끔 해주는 방법을 잘 설명해주고 있다. 최고가 되고 싶어 하는 선수라면 꼭 한 번쯤 읽어보길 바란다.

박병호(MLB 미네소타 트윈스 야구선수)

추천사 2

언제나 '오늘은 어제보다 더 나은 선수'가 되겠다는 마음으로 타격만 생각합니다. 기존의 '감각이나 이미지'에 근거를 둔 인식 방법이 아니라 과학적인 동작의 구조에 바탕을 둔 마에다 켄前田健의 타격 이론은 제게 좋은 지침서가 됩니다. 여러분에게도 이 책이 좋은 타격 교과서가 될 것이라 믿고, 진심 가득 추천합니다.

손아섭(롯데 자이언츠 야구선수)

추천사 3

야구의 타격 이론은 보는 사람과 관점에 따라 다양하게 나온다. 그렇다 보니 야구 전문가들이 선수시절의 경험을 통해 얻은 지식을 이야기하다 보면 과학적이거나 통계적이지 않은 경우가 있다. '과거의 지식을 축적한 상자'라고 말할 정도로 기존의 방식에 의존하는 경향이 강하다 보면 '현상유지'가 되고 마는 경우가 생긴다. 그래서 마에다 켄 트레이닝 코치처럼 야구인이 아닌 타 부분의 관점에서 논리적으로 타격 메커니즘을 논하는 것 자체만으로 큰 의미가 있다고 생각한다. 새로운 기술을 만들어내기 위해서는 다양한 관점을 통해 서로 논의해서 찾는 방법이 가장 효과적이다. 이 책은 타격 이론에 대해 다른 관점을 통해 타격 기술을 얻을 수 있는 좋은 기회가 될 것이다.

이종열(SBS Sports 프로야구 해설위원)

이 책에 관하여

나는 지금은 감독이라는 입장에 놓여 있지만, 오랜 세월 동안 코치로서 선수들을 육성하는 일을 해왔고, 그 과정을 통해서 느낀 점이 있다. 당연한 말이겠지만 아마추어 선수는 물론이고 프로 야구선수도 결국은 '기본이 중요하다'는 것이다.

타격 폼은 선수들마다 특징이 있기 때문에 제각각 다른 것처럼 보인다. 그러나 잘 치는 선수, 컨디션이 좋은 선수는 대부분 공을 치기 위해 필요한 자세가 잘 갖추어져 있고, 공을 치기 위해 필요한 동작을 보여준다. 타격에는 정답이 없는 것처럼 보이지만 사실은 모든 사람에게 공통되는 신체 사용 방법의 포인트가 존재하는 것이다. 그것이 '기본'이라는 것이며, 거기에는 프로와 아마추어의 차이가 없다.

바꾸어 말하면, 잘 치지 못하는 선수나 컨디션이 나쁜 선수는 그 '기본'에서 벗어난 동작을 보인다는 뜻이다. 만약 배트에 공이 맞지 않는다면 그것은 '기본'에서 크게 벗어난 스윙을 하고 있다는 의미다. 따라서 '기본'에서 벗어난 부분을 지적하거나 '기본' 그 자체를 가르쳐주어 잘못된 동작을 개선하고 올바른 동작을 습득할 수 있도록 연습을 시키고, 그것이 가능해질 때까지의 과정에 객관적인 조언을 첨가해야 한다. 그것이 지도자의 임무다. '기본'에서 벗어난 상태에서는 아무리 수천 번,

수만 번의 스윙 연습을 해도 타격은 나아지지 않는다.

이때 '기본'을 어떻게 설명하는가 하는 것이 문제로 부각된다. 그리고 지금까지 '기본'에서 벗어나 있었던 원인, 올바른 스윙을 할 수 없었던 원인이 존재하기 때문에 무작정 열심히 노력만 해서는 뜻대로 진행되지 않는다는 문제도 나타난다. 이론을 모르고 감각만으로 플레이나 지도를 해서는 그 장벽을 좀처럼 뛰어넘을 수 없다.

전편인 〈타자 이론편〉에서 마에다 씨는 트레이닝 코치로서의 신체적 측면에서 바라본 기술적 견해를 바탕으로 타격동작의 구조에 관해서 상세하게 설명했다. 그리고 이 책 〈타자 실천편〉에서는 그 동작의 구조에 바탕을 두고 타격의 '기본'이 되는 신체 사용 방법을 습득하는 방법과 원인을 개선하는 방법을 소개하고 있다.

마에다 씨의 이 '동작 구조에 바탕을 둔 이론과 연습 방법'은 타격 기술 향상을 위해 도전해야 할 과제와 나아가야 할 방향을 명확하게 밝혀 주고 있기 때문에 모든 야구선수나 팀이 올바른 노력을 지속한다면 확실하게 실력을 향상시킬 수 있을 것이다.

이 책이 앞으로 야구계의 새로운 발전에 커다란 공헌을 할 것이라고 확신한다.

와다 유타카和田豊 한신 타이거스 감독(2012~2015)

Contents

추천사 __ 4

이 책에 관하여 __ 7

제1장 **타격동작 개선으로 들어가기 전에 13**

　　1. 타격동작 개선에서의 기본적인 사고방식 __ 14

　　2. 주체를 이루는 팔을 판별하는 방법 ① __ 20

　　3. 주체를 이루는 팔을 판별하는 방법 ② __ 24

제2장 **타격의 기초적인 동작 만들기 29**

　　1. 타격의 기초 동작을 만드는 드릴 전개 __ 30

　　　STEP 1 '기본자세' 확인 __ 30

　　　STEP 2 골반의 회전 __ 32

　　　STEP 3 스텝에서의 골반 회전 __ 37

　　　STEP 4 회전과 보텀 핸드의 연동 __ 43

　　　STEP 5 보텀 핸드를 이용한 한 손 스윙 __ 55

　　　STEP 6 양손 스윙으로의 이행 __ 63

제3장 상체 회전동작 개선 드릴 67

　1. 상체 회전동작의 가동영역 확인 __ 68

　2. 상체 회전동작 만들기 체조 __ 71

　3. 상체 회전 체조에서의 드릴 전개 __ 76

　　STEP 1 '기본자세'에서의 상체 회전 __ 76

　　STEP 2 상체 회전과 보텀 핸드의 연동 __ 78

　　STEP 3 '기본자세'에서의 한 손 스윙 __ 79

　4. 상체 회전동작과 골반 회전동작의 조합 __ 83

　5. 상체 회전동작과 골반 회전동작을 조합시키는 체조 __ 86

제4장 보텀 핸드가 주체가 되어 리드하는 능력 개발 93

　1. '좌우 대칭' 스윙 __ 94

　　STEP 1 한 손-정면-바로 아래 __ 94

　　STEP 2 양손-정면-바로 아래 __ 101

　　STEP 3 양손-정면-벨트 높이 __ 103

　　STEP 4 내딛는다+STEP ③ __ 108

　　STEP 5 옆 방향+STEP ④ __ 110

　　STEP 6 티 배팅 __ 112

　칼럼 **배트를 잡는 방법에 관하여** __ 113

　2. '다운 스윙down swing'의 진정한 의미 __ 116

　3. '세로 스윙' 드릴 __ 119

　　1. '세로 스윙'의 의미 __ 119

　　STEP 1 한 손으로 실시하는 '세로 스윙' __ 119

　　STEP 2 양손으로 실시하는 '세로 스윙' __ 123

　　STEP 3 체중 이동을 하면서 '세로 스윙' __ 126

　　STEP 4 '비스듬한 스윙' __ 127

　　STEP 5 스텝을 내딛으면서 '비스듬한 스윙' __ 131

STEP 6 옆 방향으로부터의 '비스듬한 스윙' — 132

STEP 7 '8자 테이크 백'에서의 스윙 — 134

STEP 8 티 배팅 — 138

4. 팔로우 스루 쪽으로 스윙을 하는 의미 — 141

5. '장애물 스윙' — 146

   1. '장애물 스윙'의 의미 — 146

   2. 장애물 설정 — 147

   3. '장애물 스윙'의 실제 — 150

칼럼 번트는 헤드를 세우지 말아야 한다! — 152

제5장 골반 회전동작 개선 드릴 155

   1. '박스BOX 스윙' — 156

   2. 뒤쪽 허리를 직진시키는 골반 회전동작 만들기 — 159

   칼럼 "얼굴을 정면으로 향하고 두 눈으로 공을 바라본다"는
      말은 사실? — 167

제6장 스텝 동작 개선 드릴 169

   1. 스텝을 밟을 때의 상체 각도를 기억하는 드릴 — 170

   2. '비틀림'을 만드는 스텝의 드릴 — 174

   3. '비틀림' 드릴의 변형 — 180

제7장 테이크 백 동작 개선 드릴 183

   1. '톱'을 만드는 방법 ① — 184

2. '톱'을 만드는 방법 ② ― 190

3. '톱'을 만드는 방법 ③ ― 194

4. 상반신과 하반신의 리듬을 맞추는 테이크 백 동작 만들기 ― 196

STEP 1 ― 197

STEP 2 ― 198

STEP 3 ― 199

STEP 4 ― 200

STEP 5 ― 204

제8장 효과적인 신체 사용 방법의 수준을 높인다 213

1. 신체 사용 방법의 수준을 높이려면 ― 214

2. 견갑골의 움직임을 의식한다 ― 215

3. '시계추 드릴' 218

4. 무게를 이용한 '시계추 드릴' 223

5. 스윙 동작의 본질을 이해한다 ― 225

6. '골반의 스윙 동작'과 '상체의 회전동작'을 조합시키는

동작의 개선 ― 231

STEP 1 ― 233

STEP 2 ― 234

STEP 3 ― 235

STEP 4 ― 236

저자의 말 ― 241

BCS 베이스볼 퍼포먼스 안내 ― 243

제 1 장

타격동작 개선으로 들어가기 전에

· · ·

타격동작을 개선하기 위한 드릴을 설명하기 전에 동작 개선에 관한 기본적인 사고 방식을 정리하고 현재의 스윙이 보텀 핸드 주체인지, 톱 핸드 주체인지를 간단히 판별하는 방법을 소개한다.

1. 타격동작 개선에서의
기본적인 사고방식

　현재 야구계에서 '타법 개조'라는 이름으로 실시하고 있는 대부분의 방법은 준비자세에서 배트의 각도를 세우거나 눕히는 것이며, 다리를 이용해서 리듬을 잡는 방법은 '미끄러뜨리거나' '외다리'를 만드는 것 등이다. 다시 말해 겉으로 보기에 이해하기 쉬운, 스윙을 시작하기 전의 준비 국면에서의 동작을 변경하는 것들이다.

　그러나 준비 국면에서의 그런 변경 방식은 "집중해!"라는 식으로 표현되는 정신적인 문제를 미세하게 조정하고 있을 뿐이며, 문제의 본질을 교정해주지는 못한다.

　타격 문제에 분명하게 특정 경향이 있다면 그것은 '배트가 공에 어떤 식으로 향하며 어떤 식으로 부딪히는가' 하는 스윙 궤도의 문제이며, 스윙 궤도에 문제가 있다는 것은 스윙이 시작되는 '톱' 자세 이후의 스윙 국면에서의 신체 사용 방법에 문제가 있다는 뜻이다. 즉 타격을 향상시키는 본질은 스윙 궤도를 정하는 스윙 국면에서의 신체 사용 방법을 개선하는 데에 있는 것이다.

〈타자 이론편〉의 제7장에서 효과적인 스윙 동작에 요구되는 신체 사용 방법의 포인트에 관하여 다음과 같이 세 가지로 정리했다.

① '톱', 또는 '톱'에서 스윙 시작 단계로 이행되어 가는 움직임 속에서 보텀 핸드의 어깨에서부터 팔, 배트에 걸친 라인의 각도를 공을 향한 스윙 플레인swing plane 각도에 맞춘다.

② 내딛는 다리를 지탱점으로 삼아 그 고관절 위에서 골반의 회전동작을 실시한다. 이때 골반은 투수에 대해 옆 방향에 가까운 상태인 채 투수 방향으로 약간 이동하는 '슬라이드 동작'부터 시작하고, 뒤쪽 허리는 직선으로 투구 방향으로 진행시킨다.

③ 등뼈를 축으로 삼아 두 어깨를 교체하는 상체의 회전과 보텀 핸드 쪽 어깨의 리드를 연동시켜 보텀 핸드를 주체로 배트를 내민다.

〈사진 1-1〉은 높은 공을 가정하고 이 세 가지 포인트를 실행하고 있는 실제 스윙 동작을 예로 든 것이다. 그리고 〈사진 1-1〉의 동작으로부터 효과적인 스윙 동작의 본질로서 빼놓을 수 없는 움직임만을 추출하여 최대한 단순한 동작으로 만든 것이 〈사진 1-2〉다.

톱으로의 이행을 가장 단순화하기 위해 배트를 어깨에 짊어지는 것처럼 눕히고 중심은 내리지 않은 상태로 좁은 스탠스를 잡은 뒤에, 다리를 끌어당기거나 들어 올리지 말고 단순히 가볍게 내딛는 스텝에 맞추어 테이크 백을 실시한다. 이후 내딛는 다리로 체중을 옮기고 그곳을 지탱점으로 삼아 회전하면서 스윙을 한다(사진 1-2).

이렇게 타격하는 것이 이상적이라는 말이 아니다. 실제로 배트를 준

사진 1-1 효과적인 신체 사용 방법의 세 가지 포인트를 파악한 실제 스윙 동작

비하는 자세는 자유이며, 타이밍을 잡기 위해 다리를 움직일 수도 있다.
그러나 나름대로 준비자세를 갖추고 테이크 백을 하는 그 움직임이, 회
전동작을 이용해서 보텀 핸드를 주체로 배트를 끌어내기 위해 필요한
'톱' 자세를 만들 수 없는 원인으로 작용하고 있거나, 무릎의 움직임이
고관절을 올바르게 사용할 수 없는 원인으로 작용하는 경우가 있다.

그렇기 때문에 스윙 국면에서의 동작을 개선하려면 일단 현재의 준
비자세나 테이크 백 방식에서 벗어나, 일단 단순한 동작을 통해서 신체
를 효과적으로 사용할 수 있도록 스윙의 '내용' 부분을 정확하게 습득해
야 할 필요가 있다.

사진 1-2 효과적인 신체 사용 방법에 빼놓을 수 없는 움직임만을 추출한 스윙 동작

　그리고 습득한 '내용'의 신체 사용 방법을 그대로 실행한다는 생각으로 그 준비자세로서의 '톱'으로 이행하기 쉬운 준비자세, 다리나 팔로 리듬을 잡는 방법 등 자신의 감각에 맞는 방식을 찾아가면 된다.

　〈사진 1-3〉은 〈사진 1-2〉의 동작을 보텀 핸드만을 이용한 한 손 스윙으로 실시한 것이다. 〈사진 1-2〉의 양손 스윙이 올바르게 이루어지려면 〈사진 1-3〉의 한 손 스윙이 올바르게 이루어져야 한다. 다만 이한 손 스윙이 올바르게 이루어진다고 해서 반드시 양손 스윙도 올바르게 이루어진다고 말할 수는 없다. 양손으로 스윙을 하는 경우 톱 핸드가 주체가 되어버리는 선수도 있기 때문이다. 하지만 보텀 핸드만을 이

사진 1-3 〈사진 1-2〉를 보텀 핸드만을 이용한 한 손 스윙으로 실시한 동작

용한 한 손 스윙이 올바르게 이루어지지 않는다면 양손 스윙을 할 경우에도 보텀 핸드 주체의 스윙을 하기는 어렵기 때문에 이 한 손 스윙은 기본적으로 습득해두어야 한다.

한 손 스윙은 내딛는 다리로 중심을 이동시켜 회전하는 것을 포함, 양손 스윙을 할 때 힘이 전달되는 바람직한 경로를 이해하기 위해 실시하는 것이다. 이 전달 경로에서 벗어난 흐름으로 스윙을 하면 다양한 문제가 발생하는데 대표적인 예가 '축각에 체중을 남긴 채 스윙을 한다'거나 '톱 핸드 주체의 스윙을 하는' 것이다.

즉 스윙 동작을 기본에서부터 올바르게 잡아가는 경우에는 먼저 보팀 핸드만을 이용한 한 손 스윙으로 효과적인 신체 사용 방법을 습득해서 힘이 전달되는 올바른 경로를 감각적으로 파악해야 한다. 그리고 그 스윙 동작을 양손으로 실시해도 신체를 똑같이 사용할 수 있도록 연습한 뒤에, 습득한 신체 사용 방법을 실제 타격에 적용하면서 각 리듬이나 동작의 흐름에 맞추어 준비자세나 테이크 백 등을 정해가는 것이 기본적인 수순이다.

변화구를 기다리지 못한다, 인코너에 대응하기 어렵다, 아웃코너에 걸치기 쉽다, 높은 공이 파울플라이가 된다 등 타격에서 발생하는 모든 문제점은 그 코스나 구질에 맞는 올바른 타격 방법을 구사할 수 없다는 데에 원인이 있는 것이 아니라, 한가운데 부근의 공에 대한 기본적인 스윙에서의 신체 사용 방법 자체가 잘못되어 있다는 데에 근본적인 원인이 있다. 그 때문에 우선 한가운데 부근의 공에 대한 올바른 스윙 동작과 효과적인 신체 사용 방법을 확실하게 습득하는 것이 타격을 향상시키는 데에 가장 중요한 과제다.

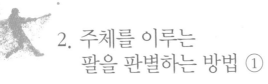

2. 주체를 이루는
팔을 판별하는 방법 ①

여러분의 스윙은 어느 쪽 팔이 주체가 되어 이루어지고 있을까. 대부분의 선수와 팀을 보아온 경험상 고등학교 수준 정도까지의 선수들은 톱 핸드가 주체를 이루는 스윙을 한다. 지도자라면 그런 사실을 한 눈에 구별할 수 있지만 본인 스스로도 판별할 수 있도록 명확한 기준을 제시해보기로 한다.

첫째는 맨손 스윙의 팔로우 스루에서 톱 핸드를 떼는 방법이다.

보텀 핸드가 주체를 이루는 스윙에서는(사진 1-4) 상체의 회전이 충분히 작용하여 배트를 이끌어내기 때문에 손목이 젖혀지는 타이밍이 늦고, 젖혀지는 방식 역시 스윙 도중에 자연스럽게 이루어진다. 그 때문에 팔로우 스루는 자연스럽게 커지고, 한 손을 떼면 보텀 핸드와 배트는 스윙 궤도를 연장한 방향으로 자연스럽게 뻗는다.

〈사진 1-4 E〉처럼 팔로우 스루에서 두 어깨 라인의 연장선 위로 보텀 핸드가 뻗는 것은 상체의 회전과 보텀 핸드의 연동에 의해 스윙이 이루어지고 있다는 증거다. 회전과 관계없이 배트를 내밀면 자연스럽게

사진 1-4 보텀 핸드가 주체를 이루는 스윙

이 자세로 이행될 수 없다.

한편 톱 핸드가 주체를 이루는 스윙에서는(사진 1-5) 상체의 회전이 충분히 이루어지지 않은 상태에서 톱 핸드가 빨리 뻗기 때문에 손목이 젖혀지는 타이밍이 빠르며, 톱 핸드의 움직임이 우위에 놓여 있을수록 한 손을 떼자마자 헤드가 젖혀져버린다. 그 때문에 팔로우 스루는 작고, 스윙이 끝나고 난 뒤에 손을 떼거나 경우에 따라서는 주체가 되어 사용하는 톱 핸드를 떼는 것조차 불가능해진다.

〈사진 1-5 C~E〉처럼 스윙이 끝난 이후에 헤드가 앞으로 되돌아오는 것은 톱 핸드 쪽 손목의 '비틀림'이 강한 경우에 그 여력에 의해 발생

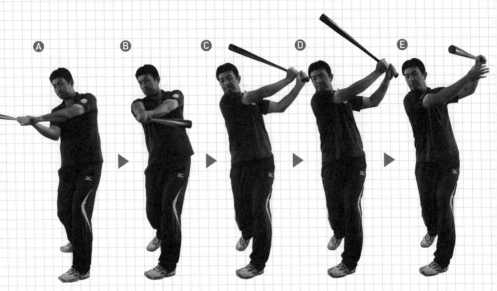

사진 1-5 톱 핸드가 주체를 이루는 경향이 강할수록 헤드는 빨리 젖혀진다

사진 1-6 톱 핸드가 주체를 이루는 경향이 강한 선수가 헤드가 젖혀지는 현상을 억제하며 한 손을 놓은 경우

하는 현상이다. 이런 선수에게 "비틀지 마라", "팔로우를 크게 해라"라고 말해도 문제는 해결되지 않는다. 원인은 톱 핸드 주체로 스윙을 하고 있다는 데에 있기 때문에 상체를 회전시키는 동작을 갖추어 보텀 핸드 주체로 스윙을 할 수 있도록 해야 한다.

그리고 톱 핸드가 주체를 이루는 경향이 강한 선수에게 톱 핸드의 움직임을 억제하고 한 손을 떼게 하면, 상체를 충분히 회전시키지 않은 상태에서 두 팔이 빨리 뻗는 현상은 바뀌지 않은 채 손목이 젖혀지기 전에 손을 떼려 하기 때문에 〈사진 1-6 B~C〉처럼 두 팔을 완전히 뻗었을 때쯤에 순간적으로 손을 떼게 되어 톱 핸드가 팔로우 방향으로 따라가지 않는다.

여기에 비하여 보텀 핸드가 주체를 이루는 스윙에서는 두 어깨가 충분히 교체되고 톱 핸드도 팔로우 방향으로 뻗은 뒤에 떼기 때문에 톱 핸드의 손이 보텀 핸드의 그립에서 팔꿈치, 어깨를 더듬듯 떨어지는 움직임이 발생한다(사진 1-4 C~E).

3. 주체를 이루는
팔을 판별하는 방법 ②

　스윙의 주체가 되는 팔을 판별하는 또 한 가지 방법은 10m 정도 떨어진 상대에게 원 바운드로 공을 쳐 돌려보내는 '토스 배팅toss batting'이나 '페퍼 게임pepper game'이라고 불리는 연습에서의 타격을 살펴보는 것이다.

　〈사진 1-7, 1-8〉은 각각 보텀 핸드가 주체가 되어 배트를 조작하고 있는 경우와 톱 핸드가 주체가 되어 배트를 조작하고 있는 경우의 전형적인 예다.

　보텀 핸드가 주체가 되어 배트를 조작하고 있는 경우에는 내딛는 다리로 체중을 옮기고 보텀 핸드 쪽 어깨의 움직임으로 배트를 이끌어내어 배트를 떨어뜨리듯 스윙을 하고 있지만, 톱 핸드가 주체가 되어 배트를 조작하고 있는 경우에는 몸을 별로 회전시키지 않고 두 다리가 '평발'처럼 바닥에 붙은 채 체중 이동도 충분히 이루어지지 않은 상태에서 임팩트에서 배트를 멈추는 듯한 스윙을 하고 있다. 이런 차이가 발생하는 이유는 보텀 핸드가 주체를 이루는 동작인 경우에는 헤드가 늦게 뒤

사진 1-7 보텀 핸드가 주체가 되어 이루어지는 배트 조작

사진 1-8 톱 핸드가 주체가 되어 이루어지는 배트 조작

집어지기 때문에 스윙을 하는 도중에 공을 포착하더라도 타구의 방향을
정하기 쉽다는 데에 비하여, 톱 핸드가 주체를 이루는 동작인 경우에는
톱 핸드를 뻗는 동작에서 공에 맞추기 어려워 아무래도 헤드가 뒤집어
지기 시작하는 도중에 공에 맞게 되면서 타구의 방향을 정하기 위해 손

사진 1-9 몸에 가까운 공이 왔을 때의 배트 조작(보텀 핸드 주체)

사진 1-10 몸에 가까운 공이 왔을 때의 배트 조작(톱 핸드 주체)

목이 젖혀지지 않도록 스윙을 멈추는 동작이 발생하기 쉽기 때문이다.

페퍼 게임에서 신체를 사용할 때의 이런 차이는 몸에 닿을 정도로 가까운 공이 날아왔을 때 더욱 현저하게 나타난다.

보텀 핸드가 주체가 되어 배트를 조작하고 있는 선수인 경우에는 일반적인 공이 날아왔을 때와 마찬가지로 보텀 핸드를 이용해서 배트를 떨어뜨리듯 스윙을 하지만(사진 1-9), 톱 핸드가 주체가 되어 배트를 조작하고 있는 선수인 경우에는 〈사진 1-10〉처럼 톱 핸드를 이용하기 때문에 공에 맞추기 어려운 동작이 나타난다.

여기에서 오해가 없도록 보충설명을 한다면, 나는 톱 핸드의 움직임이 불필요하다는 말을 하고 있는 것이 아니다. 톱 핸드는 이른바 '밀어 넣는다'고 불리는 펀치력을 낳는 역할을 담당하고 있는 팔이기 때문에 강한 타구를 칠 때에는 매우 중요한 역할을 한다. 그러나 상체의 회전과 연동한 보텀 핸드 쪽 어깨의 리드가 있어야 비로소 안쪽에서 '최단거리'로 배트를 앞으로 내밀 수 있고, 헤드가 내려가지 않도록 내미는 동작과 톱 핸드의 팔꿈치를 명치 쪽으로 미끄러뜨리는 움직임도 가능해지기 때문에 톱 핸드의 움직임은 상체의 회전과 연동한 보텀 핸드 쪽 어깨의 리드가 충분히 작용하고 있는 상황에서 이루어져야 하는 것이다. 스윙 궤도는 상체의 회전동작과 보텀 핸드 쪽 어깨의 리드에 의해 만들어지는 것이며, 톱 핸드는 그 움직임 속에서 힘을 발휘할 뿐이다. 톱 핸드가 스윙 궤도를 만드는 주역이어서는 안 된다.

현실적으로 아마추어 야구선수들 대부분은 상체의 회전과 연동한 보텀 핸드 쪽 어깨의 이런 리드가 올바르게 이루어지지 않아 스윙을 시작한 이후에 톱 핸드가 주체가 되는 스윙을 하기 때문에 다양한 문제가 발생한다. 따라서 톱 핸드가 주체를 이루고 있는 선수들이 대부분인 상황에서 톱 핸드에 의식을 집중하게 하는 지도방법은 톱 핸드가 주체가 되는 스윙을 증가시켜 마이너스 효과만 초래한다.

만약 톱 핸드 사용 방법이 나쁘다고 느끼는 선수가 있다면 그것은 사용 방법이 나쁜 것이 아니라 톱 핸드 주체로 스윙을 하고 있다는 데에 원인이 있거나 상체의 회전이나 보텀 핸드 쪽 어깨의 리드로 배트를 이끌어내는 동작이 이루어지지 않는다는 데에 원인이 있는 것이다.

제2장

타격의 기초적인 동작 만들기

• • •

타격의 효과적인 신체 사용 방법을 만드는 드릴을 소개한다. 준비자세나 '외다리', '발을 미끄러뜨리는 스텝' 등 다리의 움직임, 테이크 백 등 준비 국면에서의 동작은 간소화하고 스윙 국면에서의 본질적인 부분을 올바르게 갖춘다는 점을 중시하면서 동작을 만들어간다.

1. 타격의 기초 동작을 만드는 드릴 전개

STEP 1 '기본자세' 확인

〈사진 2-1〉처럼 내딛는 다리의 발 부분을 투수 방향에 대해 옆 방향으로 놓고, 그 다리에 모든 체중을 실은 다음에 허리와 상체와 얼굴을 투수 방향으로 완전히 돌린다. 모든 체중을 내딛는 다리에 싣는다고 해서 축족軸足(축이 되는 다리의 발)을 허공에 띄우면 안 된다. 축족은 체중을 지탱하고 있지 않을 뿐 균형을 잡기 위해 발끝이 지면에 닿아 있어야 한다. 이 상태에서 두 다리의 무릎을 옆 방향으로 가지런히 모아 완전히 붙이고, 두 팔도 몸에 붙인다.

이렇게 하면 내딛는 다리 위에 허리가, 허리 위에 머리가 위치하게 되며 무릎 위는 '차렷 자세'와 똑같은 자세가 된다. 동작을 실시하는 본인은 허리를 투수 방향으로 제대로 향하고 있다고 생각하지만 옆으로 삐딱한 상태가 되거나, 무릎 위를 '차렷 자세'로 만들었다고 생각하더라도 비틀어져 있거나 두 무릎이 떨어져 있는 경우가 많기 때문에 주의해

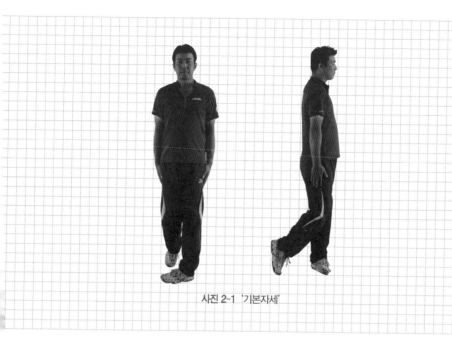

사진 2-1 '기본자세'

야 한다.

　이 자세를 앞으로 진행할 드릴의 '기본자세'로 부르기로 한다. 다만 어디까지나 드릴을 올바르게 진행하기 위한 '기본자세'다.

　실제 타격에서는 내딛는 다리의 바로 위에 허리나 머리가 일직선으로 실리지는 않는다. 그럼에도 불구하고 '기본자세'를 그렇게 만드는 이유는 일단 '내딛는 다리를 지탱점으로 삼아 골반을 회전시킨다'는 부분을 완벽하게 이해하는 것이 중요하기 때문이다. 체중을 실어야 내딛는 다리가 고정되며 골반 회전의 지탱점으로 작용하기 쉬워진다.

　실제 타격에서는 내딛는 다리가 지면에 대해 비스듬한 상태가 된다.

그러나 이것은 스텝에 의해 중심이 전방으로 이동하는 힘을 받아내기 때문에 발생하는 각도다. 즉 내딛는 다리가 비스듬한 상태이건 수직인 상태이건 체중을 지탱하는 다리가 회전의 지탱점을 만드는 다리라는 점에는 변함이 없다.

또 실제 동작에서는 두 무릎이 옆 방향으로 나란히 갖추어지지는 않는다. 그런데도 굳이 '기본자세'에서 그런 모양을 만드는 이유는 앞으로 등장하는 드릴의 스탠스가 어깨 넓이 정도로 설정되어 있기 때문이다. 스탠스를 일부러 좁게 만드는 이유는 내딛는 다리에 체중을 싣기 쉽도록 하기 위해서이지만, 이 스탠스를 바탕으로 회전을 하면 두 무릎이 자연스럽게 옆 방향으로 가지런히 갖추어진다.

한편 두 무릎을 붙이는 이유는 이후의 드릴에서 필요한 최소한의 간결한 회전동작을 실행하기 위한 명확한 기준을 만들기 위해서다.

STEP 2 골반의 회전

어깨 넓이 정도의 좁은 스탠스를 잡고 두 발이 평행이 되도록 서서, 얼굴은 투수 방향으로 향하고 두 팔은 몸에 붙인 다음에 무릎은 구부리지 말고 쭉 편 자세를 잡는다. 그 상태에서 순간적으로 '기본자세'로 들어가는 동작을 되풀이한다(사진 2-2, 2-3).

이때 중요한 것은 '기본자세'의 모양을 충실하게 지키는 것이다. 복잡한 동작은 아니기 때문에 굳이 어떻게 움직여야 할지 세밀한 부분을 생각하지 않아도 피니시 자세만을 규정하는 것으로 거기까지 이르는 동작

사진 2-2 옆 방향에서 '기본자세'로의 이행(옆면)

사진 2-3 옆 방향에서 '기본자세'로의 이행(정면)

의 과정은 어느 정도 만들 수 있다. 따라서 우선 몸이 '기본자세'를 확실

하게 기억하도록 한다.

이 드릴에서 무릎을 구부리지 않는 이유는 타격에서 하반신 동작의

본질로서 필요한 고관절의 움직임을 확실하게 기억하기 위해서다. 이 드릴을 올바르게 실행할 수 없는 경우 그 원인은 내딛는 다리의 고관절이 내선內旋(안쪽으로 도는 회전) 방향으로 닫혀 가는 가동영역이 부족하다는 데에 있다. 만약 그런 선수라 해도 움직임이 나쁜 관절을 별로 사용하지 않았다는 데에 문제가 있을 뿐이기 때문에 개발할 수 있는 여지는 충분히 있다. 고관절에서의 골반 회전동작을 충분히 이끌어내려면 내딛는 다리가 회전의 지탱점으로서 고정되어야 하는데, 고관절의 움직임이 나쁜 선수가 무릎을 구부릴 경우 무릎을 중심으로 움직이게 되어 지탱점이 고정되지 않기 때문에 고관절의 움직임을 개발할 수 없다.

실제 타격의 준비자세에서는 일반적으로 무릎을 구부리는데, 고관절을 충분히 움직일 수 있는 선수라면 무릎을 구부려도 고관절을 중심으로 움직이는 방법을 몸이 이미 알고 있기 때문에 자연스럽게 다리가 고정된다.

또 두 팔을 몸에 붙이는 이유는 조금이라도 회전 반경을 줄여 고관절 이외의 쓸데없는 동작이 발생하지 않도록 하기 위해서다. 반드시 붙여야 할 정도로 중요성이 높지는 않지만 이 드릴을 올바르게 실행하지 못하는 선수일수록 쓸데없는 동작이 많고, 그 동작 때문에 팔이 몸에서 쉽게 떨어져버린다.

〈사진 2-4, 2-5〉는 올바르게 실행하고 있지 않은 경우에 흔히 볼 수 있는 동작의 예다. 올바르게 실행되지 않는 경우에 공통되는 특징적인 움직임은 '뒤쪽 허리가 멀리 돌아간다'는 것이다.

〈사진 2-2, 2-3〉과 〈사진 2-4, 2-5〉의 각각의 움직임을 비교하면

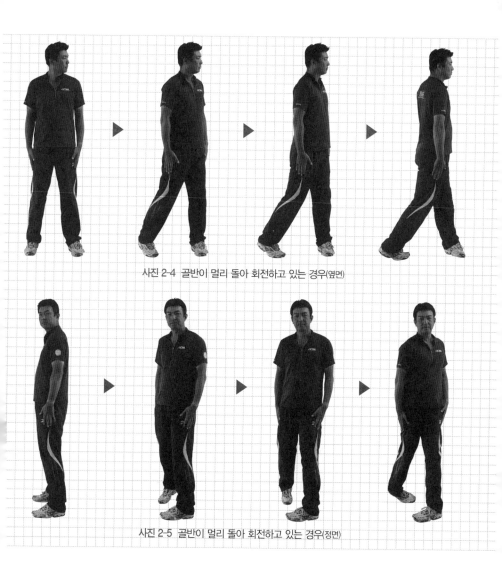

사진 2-4 골반이 멀리 돌아 회전하고 있는 경우(옆면)

사진 2-5 골반이 멀리 돌아 회전하고 있는 경우(정면)

〈사진 2-2, 2-3〉에서는 옆 방향인 채 허리의 위치를 내딛는 다리 위로 진행시키는 동작부터 시작해서 그 흐름을 타고 회전동작으로 이행하고 있다. 이것은 옆 방향으로의 이동과 회전을 구분하여 실시하고 있는 것

이 아니다. 두 가지 동작이 겹쳐져 이루어지는 일련의 동작이지만 뒤쪽 허리가 이동하는 궤적이 멀리 돌아가지 않고 직선으로 앞으로 진행하는 것이다.

여기에 비하여 〈사진 2-4, 2-5〉에서는 움직이기 시작한 이후부터 뒤쪽 허리가 투수 방향이 아니라 멀리 돌아가는 방향으로 진행하고 있다는 사실을 알 수 있다. 그 결과 허리의 위치는 내딛는 다리 위에 실리지 않고, 축족은 발바닥으로 체중을 지탱한 채 그 자리에서 회전을 하고 있다.

이처럼 뒤쪽 허리가 멀리 돌아가는 선수들에게 공통되는 특징으로서 〈사진 2-6〉처럼 축족의 발뒤꿈치가 발끝보다 멀리 돌아가는 방향으로 뒤집혀버리는 현상이 나타난다. 축족은 뒤쪽 허리에 이끌려 뒤집혀지는 것이기 때문에 뒤쪽 허리의 움직임은 축족이 뒤집히는 정도에 반영된

사진 2-6 골반이 멀리 돌아 회전하고 있는 경우

사진 2-7 골반 회전이 올바르게 이루어지고 있는 경우

다. 그 때문에 뒤쪽 허리가 멀리 돌아가지 않는 경우에는 허리를 완전히 회전시켜도 발뒤꿈치는 발끝 위를 지나치지 않지만(사진 2-7), 뒤쪽 허리가 멀리 돌아가면 발뒤꿈치가 발끝의 위치보다 바깥쪽까지 뒤집혀 버리는 것이다.

〈사진 2-6〉의 경우에는 중심이 내딛는 다리의 방향으로 어느 정도 진행되어 있기 때문에 발바닥은 지면에서 떨어져 있다. 그러나 만약 중심 이동이 충분하지 않으면 〈사진 2-4, 2-5〉처럼 발바닥이 지면에 닿은 채 발뒤꿈치가 바깥쪽으로 나가게 된다.

STEP 3 스텝에서의 골반 회전

골반을 올바르게 회전할 수 있으면 다음에는 스텝을 한 걸음 내딛는 동작을 첨가한다(사진 2-8).

STEP ②와 마찬가지로 시작 자세에서 약 15~20cm 정도 바로 옆으로 한 걸음 가볍게 내딛고, 그 흐름을 유지한 상태에서 STEP ②와 마찬가지로 순간적으로 '기본자세'로 들어간다.

여기에서의 스텝은 실제 타격처럼 스텝 전에 내딛는 다리를 끌어당기거나 들어 올리는 동작은 전혀 하지 않고, 준비자세에서 단지 바로 옆으로 한 걸음 진행하는 것뿐이다.

이렇게 하는 이유는 축각 고관절의 움직임이 나쁜 선수가 내딛는 다리를 축각 쪽으로 끌어당기는 움직임을 실시하면 몸 전체가 축각 방향으로 회전하는 움직임이 발생하는데, 그 상태에서 스텝을 밟아 착지할

사진 2-8 스텝에서 '기본자세'로의 이행

경우 무릎이 느슨해지기 쉬워 내딛는 다리를 회전의 지탱점으로 고정하는 데에 방해가 되기 때문이다.

앞에서 설명했듯 우선 타격동작의 본질로서 필요한 움직임만을 확실하게 기억하는 것이 중요하다. 스텝을 내딛기 전에 다리를 끌어당기거나 들어 올리는 동작은 개인차가 큰 동작이기 때문에 본질적으로 중요한 동작은 아니다. 따라서 이 단계에서는 쓸데없는 동작이 발을 내딛는 동작에 나쁜 영향을 끼치지 않도록 해야 한다.

예를 들어, 실제로 스윙을 하는 동작을 반복해서는 나쁜 점을 좀처럼 개선할 수 없듯이 평소처럼 움직이면 여느 때의 버릇이 나오기 쉽다.

그렇기 때문에 세분화해서 연습하는 것이다. 새로운 동작을 습득하려면 최대한 평소의 감각에서 벗어나야 한다.

만약 아무리 노력해도 스텝 전에 내딛는 다리를 축각 쪽으로 끌어당기는 움직임이 발생한다면 시작 자세에서 두 발을 완전히 붙여서 준비하고 거기에서 한 걸음 내딛도록 연습한다.

STEP ③에서는 스텝을 한 걸음 내딛으면서 STEP ②와 마찬가지로 '기본자세'를 만들어야 하기 때문에 회전할 때 축족의 발끝이 앞쪽으로 끌려 나가는 현상이 발생하는데, 이것은 자연스러운 현상이니까 신경 쓰지 않아도 된다.

축각이 회전해서 골반을 돌리는 것이 아니라 골반의 회전이 축각을 끌어당기는 현상에 의해 그 발 부분이 뒤집히는 것이니까 골반이 충분히 움직이면 축족도 따라서 움직이게 되며, 오히려 그것이 일반적이다. 실제로 크건 작건 대부분 축족은 움직인다.

다만 어디까지나 골반의 움직임에 따라 끌려 나가는 것이며, 일부러 미끄러뜨리는 것은 아니다. 스스로 축족을 앞으로 미끄러뜨려 두 무릎을 모으려 하면 〈사진 2-9〉처럼 중요한 회전이 충분히 이루어지지 않는다.

〈사진 2-10〉은 흔히 볼 수 있는 나쁜 예로, 축각에 체중을 남기고 내딛는 다리만을 앞으로 뻗듯 스텝을 밟고 있다. 이런 스텝으로 내딛는 다리를 착지시키려면 축각의 무릎을 구부려 중심을 가라앉힐 수밖에 없고, 허리는 앞으로 진행하는 것이 아니라 아래쪽으로 진행되기 때문에 중심은 내딛는 다리에 실리지 않는다. 그렇게 되면 내딛는 다리를 지탱

사진 2-9 축각을 의식적으로 앞쪽으로 끌어당긴 나쁜 예

사진 2-10 축각에 체중을 남기고 내딛는 다리만을 내민 나쁜 예

사진 2-11 '비틀림'이 만들어진 착지자세

점으로 삼은 골반에서의 회전동작을 이끌어낼 수 없으며, 축각의 무릎에서부터 전신의 방향을 동시에 앞쪽으로 향할 뿐인 단순한 '방향 전환' 동작이 되어 뒤쪽 허리는 반드시 멀리 돌아가게 된다.

스텝 동작은 축각이 골반을 투수 방향으로 밀어내는 동작이다. 허리를 앞쪽으로 진행시키면서 상반신으로 테이크 백을 실시하기 때문에 착지 타이밍에서 상반신과 하반신 사이(보텀 핸드 쪽의 옆구리에서 어깨에 걸쳐서)에 '비틀림'이라고 불리는 스트레치 상태가 만들어지는 것이며(사진 2-11), '비틀림'이 발생해야 비로소 스윙을 할 때 상체의 회전동작을 이끌어낼 수 있다.

STEP ②의 움직임을 문제없이 소화하는 선수라 해도 뒤쪽 허리가 멀리 돌아가는 현상을 숨기고 실시하고 있는 경우 스텝을 한 걸음 내딛으면서 회전동작을 실시하게 되면 그 속임수가 반드시 드러난다. 만약 그런 선수가 아무리 노력해도 멀리 돌아가는 현상이 해소되지 않는 경우 〈사진 2-12〉처럼 회전할 때 축족의 발끝을 발뒤꿈치 방향으로 일부러 비켜 놓아보도록 한다.

이 동작은 본래 의식적으로 실시하는 것이 아니라 선수에 따라서는 무의식중에 발생하는 현상이지만, 의식적으로 이렇게 하면 가장 중요한 뒤쪽 허리의 직선 이동을 이끌어내기 쉬워지기 때문에 골반을 움직이는 감각을 기억하는 연습 방법으로서 매우 효과적이다. 이 연습을 통해서 내딛는 다리의 지탱점을 향해서 뒤쪽 허리가 직선으로 부딪혀 가는 '벽壁'이라고 불리는 감각을 이해하게 되는 선수는 많이 있을 것이다.

다만 이 연습을 통해서 '벽'의 감각을 이해하게 되면 매우 기분 좋게

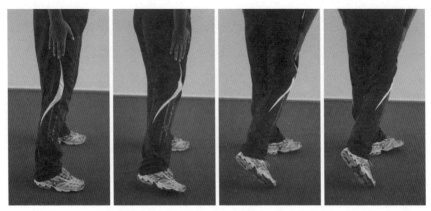

사진 2-12 축족의 발끝을 뒤꿈치 방향으로 비켜 놓는 동작

동작을 실시할 수 있기 때문에 '축각을 발뒤꿈치 방향으로 비켜 놓는' 동작이 알게 모르게 습관화되는 경향이 있다. 따라서 지나치지 않도록 주의해야 한다. 한편, 비켜 놓는 크기가 원래 축족의 발뒤꿈치 정도까지라면 큰 문제가 없지만 그 이상이 되면 허리가 돌아가지 않는다.

　이 동작을 소화하게 되었다면 피니시에서 두 무릎을 옆으로 가지런히 갖추지 않아도 상관없다. 원래 두 무릎을 갖추는 이유는 간결한 회전동작을 단순화하기 위해서이며, 실제 하반신 동작에서는 축각의 무릎은 내딛는 다리 쪽 무릎의 뒤쪽으로 들어간다. 내전근이 충분히 움직이고, 뒤쪽 허리가 직선으로 진행할수록 그런 현상이 나타난다.

　또 〈사진 2-12〉의 피니시에서 축족의 발뒤꿈치가 세워지는 모습을 보면 발끝에서부터 뒤꿈치까지의 각도가 비스듬히 이루어져 있다. 뒤쪽 허리를 직선으로 진행시키는 방법이 갖추어져 있으면 그 움직임에 의해 축각의 발 부분은 안쪽으로 쓰러지는 움직임을 보이며 골반은 뒤꿈치가 완전히 서기 전에 완전히 돌아간다. 이처럼 축각의 발 부분을 비스듬히 쓰러뜨린 채 골반을 완전히 회전시킬 수 있으면 그것이 실제로 필요한 동작이기 때문에 축족을 뒤꿈치 방향으로 비켜 놓을 필요도, 두 무릎을 가지런히 갖추어야 할 필요도 없다.

다만 발 부분을 안쪽으로 쓰러뜨린 상태에서 움직임을 끝내면 골반의 회전이 충분히 이루어지지 않을 가능성이 높고, 그래서는 아웃코너에 대응하는 동작밖에 되지 않기 때문에 주의해야 한다.

STEP 4 회전과 보텀 핸드의 연동

STEP ④의 시작 자세는 STEP ③의 시작 자세에 보텀 핸드의 준비 자세를 첨가한 것이다(사진 2-13 A). 보텀 핸드를 이용한 이 준비자세는 "회전동작에서 보텀 핸드로 배트를 이끌어낼 수 있으면 레벨스윙을 실현할 수 있다"는 표현에 해당하는 자세이며, 달리 표현하면 가슴 높이에서 '수평으로 촙'을 날리는 듯한 자세다(사진 2-13).

견갑골이나 흉곽의 움직임이 나쁜 선수가 이 자세를 만들려고 하면 팔꿈치가 어깨보다 투수 방향으로 나간 자세가 만들어지는 경향이 있다(사진 2-14).

테이크 백은 보텀 핸드 쪽 옆구리에서부터 어깨에 걸쳐 '비틀림'이라고 불리는 스트레치 상태를 만드는 것으로, 스윙을 시작할 때 필요한 상체의 회전과 보텀 핸드 쪽 어깨의 리드를 이끌어내기 위해 실시하는 동작이기 때문에 테이크 백 동작은 팔 중심이 아니라 견갑골의 움직임

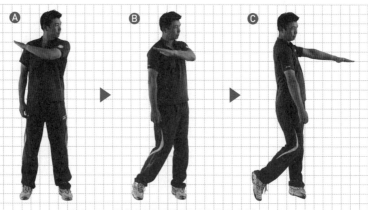

사진 2-13 준비자세와 회전동작에서의 '수평 촙'

사진 2-14 팔꿈치가 어깨보다 나온 나쁜 자세

사진 2-15 준비자세에서의 팔꿈치와 손의 관계

사진 2-16 견갑골이 올라가 있다

사진 2-17 팔꿈치가 아래를 향하고 있다

을 중심으로 이루어져야 한다. 하지만 팔꿈치가 투수 방향으로 나가 있으면 팔의 유동성이 크기 때문에 팔의 움직임만으로 테이크 백 동작이 이루어진다. 따라서 이 드릴에서 팔꿈치의 위치는 적어도 어깨 앞이거나 그보다 약간 포수 쪽에 두어야 한다. 팔꿈치가 어깨보다 포수 쪽에 있을 때에는 '손은 톱 핸드의 어깨 앞'에 위치한다(사진 2-13 A). 팔꿈치를 어깨 앞에 두면 팔꿈치와 손을 연결하는 라인은 투수와 포수를 연결하는 '타격 라인'과 거의 평행이 되며, 팔꿈치를 어깨보다 포수 쪽에 두면 팔꿈치와 손을 연결하는 라인은 '타격 라인'보다 손이 약간 안쪽으로 들어간다(사진 2-15). 이것을 기준으로 판별하면 된다.

〈사진 2-14〉처럼 되는 선수가 이 기준의 위치까지 보텀 핸드를 가져가려 하면 견갑골이 위로 올라가버리거나(사진 2-16), 견갑골이 올라가는 현상을 억제하면 팔꿈치가 아래를 향하는 자세가 되어버리기 쉽다(사진 2-17.) 이처럼 '수평 촙'의 각도에서 벗어나버리면 보텀 핸드는 상체의 회전과 연동될 수 없다.

여기에서 말하는 준비자세란 실제로 타격을 할 때의 준비자세가 반드시 이렇게 되어야 한다는 것이 아니라 스윙을 시작할 때 필요한 자세로, 최소한의 움직임으로 이행하기 위해 잡는 자세다.

스윙을 시작할 때에는 보텀 핸드의 어깨에서부터 팔, 배트에 걸친 라인의 각도를 공을 향하는 스윙 플레인 각도에 맞추고 그 스윙 플레인을 따라 보텀 핸드와 배트가 진행하듯, 보텀 핸드 쪽 어깨의 움직임으로 방향을 리드해야 한다. 그것이 상체의 회전이다. 여기에서는 그 신체 사용 방법의 기본사항을, 가장 단순한 움직임부터 습득하기 위해 높

사진 2-18 STEP ③의 동작에 첨가하여 상체의 회전동작으로 보텀 핸드를 휘두른다(옆면)

사진 2-19 STEP ③의 동작에 첨가하여 상체의 회전동작으로 보텀 핸드를 휘두른다(정면)

은 공에 대한 레벨 스윙을 가정하고 상체의 수평회전과 보텀 핸드의 '수평 촙'의 조합으로 동작의 방향성을 일치시키고 있는 것이다.

시작할 때의 준비자세가 갖추어졌으면 STEP ③까지의 연습을 통하

여 만든 '스텝에서의 골반 회전' 동작에 상체의 회전을 강화, 그 상체의 회전동작으로 보텀 핸드를 휘두르는 동작을 첨가한다(사진 2-18, 2-19).

하반신을 움직이는 방법은 STEP ③에서 실시한 것과 마찬가지다. 스텝 전에 내딛는 다리를 끌어당기거나 들어 올리지 않고 단지 옆으로 한 걸음 가볍게 내딛고 그 흐름을 타면서 골반 회전동작을 실시한다.

이때 옆 방향으로 한 걸음 내딛는 타이밍에 맞추어 보텀 핸드 쪽 어깨를 턱 아래로 끌어당기듯 테이크 백을 실시(사진 2-18, 2-19의 각 A~B), 완전한 착지를 신호로 골반의 회전과 끌어당기고 있던 보텀 핸드 쪽 어깨의 리드에 의한 상체 회전을 동시에 시작, '수평 춉'을 날리듯 보텀 핸드를 휘두르기 시작하여 그대로 손이 백네트 방향으로 향하는 지점까지 완전히 휘두른다(사진 2-18, 2-19의 각 B~G). 그리고 이 휘두르는 동작 중에 손바닥을 아래 방향에서 위 방향으로 뒤집는다.

여기에서의 상체 회전은 회전을 시작한 다음 순간 톱 핸드의 어깨가 턱 아래로 오도록 단번에 두 어깨를 교체, 상체의 방향이 순간적으로 골반의 방향을 추월하도록 해야 한다(사진 2-18, 2-19의 각 B~G). '상체의 방향이 골반의 방향을 추월'하는 움직임이 있어야 비로소 보텀 핸드를 개입시켜 배트를 재빨리 앞쪽으로 운반할 수 있는데, 상체의 이런 회전이 부족하면 골반과 상체가 함께 움직일 수밖에 없고, 그것이 보텀 핸드를 주체로 리드할 수 없는 원인으로 작용해서 톱 핸드 주체의 스윙을 하게 되는 다양한 문제를 낳는 원인이 되기 때문이다.

여기에서는 효과적인 스윙 동작의 요체가 되는, 상체 회전과 연동한 보텀 핸드 주체의 스윙을 하기 위한 기초적인 움직임을 만드는 데에 목적이 있기 때문에 이 연동작용이 가장 잘 이루어지는 신체 사용 방법을 실현할 수 있도록 노력해야 한다.

이 드릴을 올바르게 실시할 수 있는가 하는 것은 상체의 회전동작이 얼마나 충분히 이루어지는가에 달려 있다. 바꾸어 말하면 골반의 방향에 대해 상체의 방향을 바꿀 수 있는 능력이 어느 정도나 갖추어져 있는가 하는 문제이며, 근본적으로는 견갑골이나 흉곽, 등뼈 하나하나가 얼마나 잘 움직이는가 하는 문제와 관련이 있다.

〈사진 2-19〉의 A와 B의 차이를 보면 골반의 방향은 유지한 채 보텀핸드 쪽 어깨를 오므리고 있다는 사실을 알 수 있다. 그리고 C의 스윙 시작 단계에서는 오므리고 있던 어깨가 등 쪽으로 되돌아가기 시작해서 상체의 방향이 골반의 방향을 따라잡고 있고, D의 단계에서는 어깨가 등 쪽으로 당겨져 상체의 방향이 골반의 방향을 약간 추월해 있다. 실

사진 2-20 상체는 회전하고 있다

제로 스윙을 하고 있는 〈사진 2-20〉을 보면 골반과 상체는 함께 움직이는 것이 아니라 회전하고 있는 골반 위에서 상체가 더 회전하고 있다는 사실을 알 수 있을 것이다. 상체의 이런 움직임이 있기 때문에 배트를 재빨리 앞쪽으로 내밀 수 있는 것이다.

만약 견갑골이나 흉곽의 움직임이 나빠서 보텀 핸드의 어깨를 오므리는 능력이 부족한 선수가 이 드릴을 실시하면 테이크 백에서 투수에게 등을 향하는 듯한, 상체 전체를 비트는 동작이 발생하기 쉽다. 이 경우 골반과 상체의 방향을 바꾸는 능력도 부족한 경우가 대부분이기 때문에 상체의 움직임과 함께 골반도 들어가버리는 선수가 많다(사진 2-21).

그런 식으로 움직인 경우의 실제 '톱' 자세가 〈사진 2-22〉다. 골반과 상체가 함께 움직여 몸 전체가 너무 들어가버렸다. 배트의 헤드가 투수 방향으로 향할수록 깊이 들어갔다고 보면 된다. 이래서는 골반과 상체 사이에 '비틀림'이 형성되지 않기 때문에 상체의 예리한 회전동작을 이끌어낼 수 없다. 그 때문에 배트가 나가는 시점이 늦어지는 것이다.

테이크 백의 '톱'에서 골반은 투구 방향에 대해 거의 옆 방향인 상태가 유지되어야 하며, 보텀 핸드의 어깨는 턱 아래로 끌어당겨야 한다(사진 2-23).

흔히 "지우개를 비틀었다가 되돌린다"고 예를 드는데, 상체의 회전에 참가하는 근육을 미리 최대한 펴 두어야 비로소 그곳이 강하게 움직이기 때문에 상체와 골반이 함께 들어가서는 의미가 없으며, 골반의 방향은 고정해두어야 한다. 그리고 스윙을 시작할 때에는 보텀 핸드 쪽 어

사진 2-21 골반째 상체를 비틀고 있다

사진 2-22 골반째 상체가 들어가면 비틀림이 너무 깊어진다

사진 2-23 바람직한 톱 자세

사진 2-24 세로 방향으로 상체를 비틀고 있다

깨가 강하게 작용해야 하기 때문에 특히 그 어깨가 충분히 스트레치 되어 있어야 한다. 그렇게 하려면 상체 전체를 너무 깊이 비틀지 말고 보텀 핸드의 어깨만을 끌어당기는 정도가 효과적이다.

그래도 상체의 방향은 반드시 골반의 방향보다 더 들어간다. 〈사진 2-18 B, 2-19 B〉, 〈사진 2-23〉도 알아보기는 어렵지만 상체가 들어가 있는 상태다. 중요한 것은 보텀 핸드 쪽 흉곽과 견갑골이 충분히 움직이면 상체 전체가 지나치게 들어가는 현상은 발생하지 않으며, 보텀 핸드 쪽 옆구리에서 어깨에 걸쳐서 '비틀림'이라는 스트레치 상태가 실현된다는 것이다. 그것만 가능하면 상체를 깊이 비틀지 않아도 보텀 핸드 쪽 어깨를 되돌리는 동작이 리드가 되어 상체의 회전이 발생하면서 보텀 핸드가 주체를 이루는 스윙을 시작할 수 있다.

〈사진 2-21〉 이외에, 이 드릴에서 잘못된 '톱'의 예로는 다음과 같은 것들을 흔히 볼 수 있다.

보텀 핸드 쪽 어깨를 아래에서부터 강하게 끌어당겨 세로로 회전하는 방향으로 상체를 비틀고 있는 경우(사진 2-24), 견갑골이 위로 올라가 있는 경우(사진 2-25 A, 2-26 A), 옆구리를 조인다는 의식이 지나치게 강해서 '톱'이나 스윙을 하는 도중에도 계속 팔꿈치가 아래를 향하고 있는 경우(사진 2-27) 등이다.

〈사진 2-24〉처럼 아래에서부터 끌어당겨 세로로 회전해서 '비틀림'의 스트레치 상태를 만들면 스윙을 시작할 때에는 한껏 편 근육이 수축하기 때문에 아래에서부터 위로 향하는 세로 방향의 회전과 반대가 되는 회전이 발생한다. 이때 보텀 핸드의 각도를 레벨 스윙의 스윙 플레인 각도에 맞추고 있다면 〈사진 2-25 A〉처럼 견갑골이 올라가는 현상이 발생하지 않도록 팔꿈치를 올리고 있는 것과 마찬가지이기 때문에 그렇게 큰 문제는 없지만, 〈사진 2-24〉처럼 팔꿈치를 아래로 향하고 있

사진 2-25 톱에서 견갑골이 올라가면 상체의 회전에서의 보텀 핸드의 리드는 작용하지 않는다(옆면)

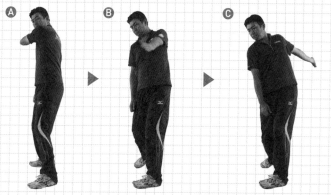

사진 2-26 톱에서 견갑골이 올라가면 상체의 회전에서의 보텀 핸드의 리드는 작용하지 않는다(정면)

사진 2-27 팔꿈치를 아래로 향한 채 움직이고 있다

으면 배트는 아래에서 위로 향하여 나갈 수밖에 없기 때문에 높은 공에 대한 레벨 스윙은 하기 어렵다.

〈사진 2-25, 2-26〉처럼 견갑골이 위로 올라가버리면 스윙을 시작할 때 견갑골을 등 쪽으로 끌어당기는 동작이 충분히 작용하지 않기 때문에 상체의 회전 자체가 충분히 이루어지지 않는다. 그 때문에 회전이 아니라 허리를 앞으로 내밀기만 했을 뿐인 단순히 젖혀진 동작이 되거나(사진 2-25), 상체의 움직임과는 아무런 관계없이 팔만 움직이는 동작이 되어버린다(사진 2-26).

애당초 견갑골이 올라가면 그 어깨의 리드로는 공을 향하여 배트를 내밀 수 없기 때문에 상체의 회전과 연동시킨 보텀 핸드 주체의 스윙을 할 수 없고, 반드시 톱 핸드 주체의 스윙이 된다. 또 만약 견갑골이 올라가는 정도가 작거나 어느 정도 올바르게 움직인다고 해도 상체의 회전이 충분하지 못한 만큼 톱 핸드가 빨리 움직이기 시작해서 헤드가 빨리 젖혀지거나 공에 걸쳐지는 경향이 강한 스윙이 나온다.

〈사진 2-26〉처럼 상체의 움직임과는 아무런 관계없이 팔이 움직인다는 의미에서 보면 〈사진 2-27〉의 동작도 마찬가지다. 처음의 준비자세에서만 팔꿈치를 아래로 향하고 있는 것이라면 아무런 문제가 없지만 스윙을 시작할 때에도, 스윙을 하는 도중에도 계속 팔꿈치를 아래로 향하고 있으면 보텀 핸드는 몸을 따라 아래로 내려가기 때문에 공을 정면에서 타격할 수 있는 스윙 궤도를 만들 수 없다.

이처럼 상체의 움직임과 아무런 관계없이 팔을 움직인 경우의 특징으로서 피니시에서 보텀 핸드가 두 어깨의 연장선 위에서 벗어나는 움직임을 볼 수 있다(사진 2-26 C). 상체의 회전동작과의 연동으로 보텀 핸드 주체의 스윙이 이루어지는 경우에는 반드시 보텀 핸드가 두 어깨의 연장선 위로 뻗는 피니시 자세가 만들어진다(사진 2-18 G, 2-19 G).

STEP 5 보텀 핸드를 이용한 한 손 스윙

이번에는 STEP ④에서 만든 동작을 배트를 들고 실시해본다(사진 2-28, 2-29). 배트라고 표현했지만 한 팔로 충분히 휘두를 수 있는 막대라면 무엇이건 상관없다. 내가 스튜디오에서 지도할 때에는 플라스틱 배트, 초등학교 저학년용 배트, 초등학교 고학년용 배트, 녹 배트knock bat(연습을 시키기 위하여 녹을 하는 데 사용하는 배트로 경기용 배트보다 가늘고 가볍다)를 한 손 스윙용으로 사용하는 경우가 많고, 근력 수준에 맞추어 가벼운 것부터 단계적으로 무거운 것으로 바꾸어 간다. 특히 녹 배트는 짧게 잡아도 실제에 가까운 길이가 나오고, 경식 야구硬式野球(연식 야구軟式野球에 상대적으로 사용하는 명칭으로 국제식 야구를 가리킴) 선수라 해도 배트를 바꾸지 않고 그대로 티 배팅tee batting(허리 높이의 받침대 위에 자신이 직접 볼을 놓고 타격을 하는 것. 골프의 티 샷에서 유래된 말)을 할 수도 있기 때문에 선수들에게는 이상적이다.

준비자세에서는 배트를 어깨에 올리고 수평에 가깝게 눕혀둔다(사진 2-28 A, 2-29 A). 이렇게 하는 이유는 보텀 핸드 쪽 어깨에서부터 팔, 배트에 걸쳐 만들어지는 라인의 각도를 레벨 스윙의 스윙 플레인 각도에 맞추기 쉽도록 하기 위해서다. 또 그립은 어깨에서 너무 멀어지지 않도

사진 2-28 보텀 핸드를 이용한 한 손 스윙(옆면)

사진 2-29 보텀 핸드를 이용한 한 손 스윙(정면)

록 하고, 금속 배트인 경우에는 그립 테이프 부근의 금속 부분을 어깨에 올려놓도록 한다. 테이크 백에서 보텀 핸드의 어깨의 스트레치 상태를 만들기 쉽도록 하기 위해서다. 그립을 어깨에서 떼고 자세를 잡으면 보텀 핸드의 어깨의 스트레치 상태가 충분히 이루어지지 않아 어깨의 리드에 의한 상체 회전동작을 이용한 스윙이 아니라 손목의 움직임이 중심을 이루는 스윙이 되기 쉽다. 그 외에 서는 자세나 그 이후의 움직임은 모두 STEP ④와 같다.

준비자세를 갖추었으면 한 걸음 내딛는 타이밍에 맞추어 테이크 백을 실시, 배트를 어깨에서 떼고 착지를 계기로 회전동작을 이용해서 배트를 내밀면서 가슴 높이를 향하여 수평 궤도의 레벨 스윙을 실시한다 (사진 2-28, 2-29).

이때 테이크 백에서 배트를 어깨에서 떼는 동작이 간단하게 이루어지지 않는 선수도 있을 것이다. 흉곽이나 견갑골의 가동영역이 좁아서 보텀 핸드의 어깨를 턱 아래로 끌어당기는 움직임이 나쁘기 때문인데 그런 선수들은 테이크 백에서 보텀 핸드가 그다지 뻗지 않는, 보텀 핸드의 어깨가 올라가는, 투수 방향으로 등이 향하도록 상체가 들어가는 등의 특징을 보인다. 만약 배트를 어깨에서 떼려 할 때 어깨가 올라가는 현상이나 상체가 들어가는 현상이 심하게 발생한다면 굳이 배트를 어깨에서 떼지 않아도 상관없다.

〈사진 2-30〉은 이 한 손 스윙이 올바르게 실행되지 않는 전형적인 동작을 극단적으로 표현한 것이다. 〈사진 2-30 A∼C〉를 보면 스윙을 시작해서 배트가 톱 핸드 쪽 위팔 옆으로 내려가 있고, 이후에 팔을 뻗는

사진 2-30 한 손 스윙이 올바르게 실행되지 않는 예

사진 2-31 보텀 핸드 쪽 어깨의 리드로 시작하여 보텀 핸드의 각도대로 배트가 나간다

사진 2-32 보텀 핸드 쪽 어깨의 리드가 작용하지 않으면 톱에서의 보텀 핸드의 각도와 관계없이 배트가 나간다

움직임이 회전보다 먼저 시작되고 있다. 즉 이 스윙은 보텀 핸드 쪽 어깨의 리드에 의한 상체의 회전동작으로 배트를 이끌어내는 것이 아니라 팔의 움직임으로 스윙하고 있기 때문에 레벨 스윙의 궤도보다 아래쪽으로 벗어난 지점으로 배트가 나가게 된다.

〈사진 2-31〉처럼 보텀 핸드 쪽 어깨의 리드에 의한 상체 회전으로 배트를 이끌어내면 배트는 내려가는 일 없이 톱에서 준비한 보텀 핸드의 라인을 따라 그대로 앞으로 나아간다. 〈사진 2-31 A〉에서는 보텀 핸드 쪽 어깨에서부터 팔, 배트에 걸친 라인의 각도를 레벨 스윙의 스윙 플레인 각도에 맞추고 있기 때문에 이후에는 보텀 핸드의 어깨가 그 라인을 목적 방향으로 진행시키듯 움직이면 레벨 스윙이 실현된다.

하지만 〈사진 2-32〉처럼 스윙을 시작할 때 보텀 핸드 쪽 어깨의 리드가 충분히 작용하지 않으면 배트는 톱에서의 보텀 핸드의 라인과 관계없이 팔의 움직임을 따라 나가게 되기 때문에 스윙 궤도는 자연스럽게 레벨 스윙의 궤도보다 아래로 벗어난다. 높은 공뿐 아니라 낮은 공도 쳐야 하니까 이런 방법도 사용할 수 있지 않겠느냐고 생각할지 모르지만, 낮은 공을 치는 경우라도 〈사진 2-33〉처럼 '보텀 핸드 쪽 어깨에서 팔, 배트에 걸친 라인의 각도를 목표로 향하는 스윙 플레인 각도에 맞추고, 보텀 핸드 쪽 어깨의 리드에 의한 상체의 회전으로 배트를 그대로 목표를 향하게 한다'는 점은 다르지 않다. 이것은 정확성이 높은 타격을 하기 위한 대원칙이기 때문이다.

따라서 이 한 손 스윙 드릴에서는 그 대원칙에 해당하는 동작을 가장 단순한 형식부터 연습하기 위해 완전한 레벨 스윙을 실현하는 데에 필

사진 2-33 낮은 공이라 해도 보텀 핸드의 각도를 맞추고 배트를 이끌어내는 원칙은 다르지 않다

요한 신체 사용 방법을 확실하게 이해하고 그것이 가능하도록 연습해야 한다.

한편 레벨 스윙을 실현하기 위한 이 신체 사용 방법은 동작의 구조상 가장 단순한 움직임이지만 가장 속임수가 통하지 않는 움직임이기도 하다. 레벨 스윙에서의 대원칙인 이 신체 사용 방법을 습득할 수 있으면 다른 코스에 대해서도 같은 사용 방법으로 대응할 수 있다.

이처럼 정확성이 높은 타격을 하려면

① 보텀 핸드와 배트에 의해 형성되는 라인 각도를, 공을 향하는 스윙 플레인 각도에 맞출 것.

② 그 라인이 원하는 스윙 플레인 위를 지나가도록 보텀 핸드 쪽 어깨가 방향을 리드할 것.

이 두 가지가 필요하다. 이 중에서 어느 한 가지가 결여되더라도 정확성은 떨어진다.

예를 들어 흉곽과 견갑골의 움직임이 나빠서, '톱'에서 보텀 핸드의 라인을 만들려 하면 견갑골이 올라가버리고 견갑골이 올라가는 현상을 억제하려 하면 팔꿈치가 아래를 향해버리는 선수, 또는 스윙을 시작할 때 견갑골이 올라가버려 아무리 노력해도 비스듬한 스윙을 하게 되어 레벨 스윙을 할 수 없는 선수는 꽤 많이 있다.

그 밖의 나쁜 스윙으로는 〈사진 2-34, 2-35, 2-36, 2-37〉 등의 동작을 예로 들 수 있다.

〈사진 2-34〉는 '톱'에서 보텀 핸드 쪽 어깨를 턱 밑으로 끌어당긴 상태에서 허리만 회전하고 있기 때문에 보텀 핸드 쪽 어깨의 리드에 의한 상체의 회전동작이 이루어지지 않는다. 따라서 배트가 남겨지게 되어 앞으로 나가는 타이밍이 늦어지고 멀리 돌아가는 스윙을 하게 되면서 헤드가 빨리 뒤집힌다. 이런 스윙은 보텀 핸드 쪽 어깨의 근력에 대해 배트가 지나치게 무거운 경우에 발생하기 쉬우며 초등학교 저학년 선수

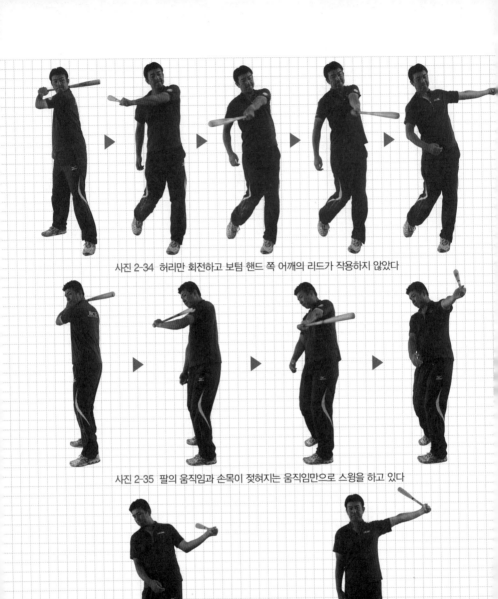

사진 2-34 허리만 회전하고 보텀 핸드 쪽 어깨의 리드가 작용하지 않았다

사진 2-35 팔의 움직임과 손목이 젖혀지는 움직임만으로 스윙을 하고 있다

사진 2-36 상체의 회전과 연동되지 않은 피니시　사진 2-37 두 어깨의 교체가 충분히 이루어지지 않았다

들에게서 흔히 볼 수 있다.

〈사진 2-35〉는 회전동작이 거의 없이 팔로 배트를 끌어내어 손목을 젖히는 방법으로 스윙을 하는 것이다.

〈사진 2-36〉처럼 팔꿈치가 구부러진 피니시는 배트를 휘두르는 동작이 상체의 회전동작과 충분히 연동되지 않은 상태에서 팔로 스윙을 한 결과로 나타나는 것이다. 상체의 회전과 보텀 핸드의 움직임이 충분히 연동되어 있으면 팔로우 스루에서 보텀 핸드는 두 어깨 라인의 연장선 위로 뻗는다(사진 2-28 F, 2-29 F).

〈사진 2-37〉처럼 피니시에서 두 어깨의 교체가 충분하지 못한 것도 팔의 움직임이 중심을 이루는 스윙에 의해 상체의 회전보다 팔의 움직임이 먼저 끝나버리기 때문에 발생하는 현상이다. 스윙이 시작된 이후에 순간적으로 두 어깨를 교체, 보텀 핸드를 백네트 방향으로 뻗고 톱 핸드의 어깨를 턱 아래로 끌어당긴 피니시 자세를 갖출 수 있도록 신경써야 한다(사진 2-28 F, 2-29 F).

STEP 6 양손 스윙으로의 이행

STEP ⑤까지 스윙 동작에서 힘이 전달되는 '줄기' 부분에 해당하는 신체 사용 방법을 완성했으면 다음에는 양손 스윙으로 이행한다(사진 2-38).

양손 스윙으로 이행할 때 중요한 점은 지금까지 연습한 신체 사용 방법을 살려 보텀 핸드가 주체를 이루는 스윙을 실현해야 한다는 것이다.

사진 2-38 상체의 회전에 의한 두 어깨의 교체가 충분히 이루어진 경우의 톱 핸드가 떨어지는 모습

사진 2-39 상체의 회전동작이 충분히 이루어지지 않은 경우의 톱 핸드가 떨어지는 모습

준비자세에서 서는 방법이나 배트를 어깨에 올려 눕혀두는 것, 한 걸음 내딛는 타이밍에 맞추어 테이크 백을 실시하는 것, 레벨 스윙을 실시하는 것 등 모든 실행 방법과 실행할 때 주의해야 할 점은 지금까지와 거의 비슷하다.

STEP ⑥에서는 배트를 눕히고 준비자세를 잡는데, 그 이유는 앞으로 배트를 눕히고 준비자세를 잡으라는 요구를 하기 위해서가 아니라 '상체의 회전동작과의 연동으로 보텀 핸드가 주체를 이루어 배트를 이끌어낸다'는 신체 사용 방법을 습득하기 위해 이 단계에서는 아직 눕혀둘 필요가 있기 때문이다. 그 사용 방법을 완전히 습득한 뒤에는 자신에게 가장 잘 맞는 준비자세를 선택하면 된다.

또 평소에 톱 핸드의 팔꿈치를 벌리고 준비자세를 잡는 선수는 팔꿈치를 벌리지 말고 아래쪽을 향해 두도록 한다. 톱 핸드의 팔꿈치를 드는 준비자세는 톱 핸드의 움직임이 강조되기 때문에 보텀 핸드가 주체를 이루는 스윙을 습득하는 데에 마이너스가 된다. 물론 보텀 핸드 쪽 어깨로 리드하는 방법을 마스터한 뒤에는 톱 핸드가 강하게 작용하도록 하기 위해 이런 자세를 잡아도 상관없다.

팔로우 스루에서 톱 핸드를 떼는 이유는 끝까지 양손으로 스윙을 실시할 경우 원래 톱 핸드가 주체를 이루는 스윙을 하던 선수는 아무래도 톱 핸드가 더 강하게 작용할 가능성이 높기 때문이다.

보텀 핸드 쪽 어깨가 스윙 궤도를 리드하는 역할을 완수하고, 두 어깨의 교체 동작이 충분히 이루어진 상황에서 톱 핸드를 떼면 톱 핸드의 손은 보텀 핸드의 그립에서부터 어깨를 향하여 더듬듯 떨어진다(사진

2-38). 톱 핸드를 떼었을 때 〈사진 2-39〉처럼 뗀 손이 팔로우 스루 방향으로 따라가지 못한다면 상체의 회전동작이 충분히 이루어지지 않았다고 판단할 수 있다.

물론 최종적으로는 끝까지 양손을 이용해서 스윙을 해야 한다. 다만 그때 톱 핸드가 더 강한 작용을 하는 폐해가 발생하지 않도록 하려면 상체의 회전동작이 충분히 제 역할을 다할 수 있어야 한다.

제**3**장

상체 회전동작 개선 드릴

• • •

상체 회전동작의 존재를 인식하고 그 동작을 향상시키는 체조, 상체 회전동작을 이용하여 보텀 핸드가 리드하는 작용을 강화하는 드릴, 상체 회전동작과 골반 회전동작의 상호관계를 기억하기 위한 드릴을 소개한다.

1. 상체 회전동작의 가동영역 확인

제2장의 드릴을 실행했을 때 흉곽과 견갑골의 움직임이 나빠 상체의 회전이 충분히 이루어지지 않고 보텀 핸드가 제대로 움직이지 않는 선수도 있을 것이다. 상체의 회전동작은 보텀 핸드를 개입시켜 배트를 리드하는 것이기 때문에 상체의 회전동작이 나쁘면 팔을 이용해서 배트를 휘두르는 '손으로 하는 타격'의 원인이 된다. 그런 현상을 개선하려면 우선 상체 회전동작을 올바르게 인식하게 하고, 그 동작의 좋고 나쁜 수준을 자각하게 해야 한다.

〈사진 3-1〉처럼 무릎으로 서서 허리와 얼굴은 가능하면 정면을 바라본 채 상체만을 수평으로 회전시켜 한쪽 어깨를 턱 아래로, 반대쪽 어깨를 머리 뒤로 가져가는 움직임을 천천히 최대한의 가동영역을 이용해서 좌우 교대로 반복한다.

이 움직임이 나쁜 선수들에게서 가장 많이 볼 수 있는 특징은 몸이 움직이지 않아 팔이 회전 방향으로 앞서 가는 현상이다(사진 3-2). 팔은 반드시 어깨 바로 아래로 늘어뜨린 채 몸의 움직임으로 실시해야 한다.

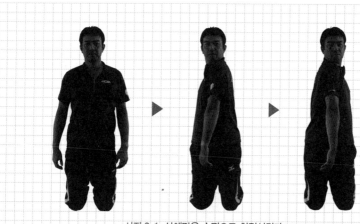

사진 3-1 상체만을 수평으로 회전시킨다

사진 3-2 팔이 앞서가고 있다

또 어깨가 턱 밑으로 오지 않는 만큼 턱을 어깨 쪽으로 갖다 붙이는 경우, 앞쪽 견갑골이 올라가 어깨가 턱 아래가 아니라 턱 앞으로 오는 경우, 수평회전을 유지하지 못하고 상체가 기울어져 머리의 위치가 좌우로 움직이는 경우 등은 흔히 볼 수 있는 패턴이다.

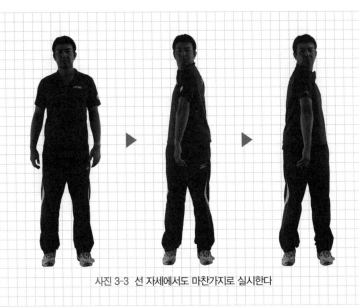

사진 3-3 선 자세에서도 마찬가지로 실시한다

　　가동영역을 확인하는 이 방법은 선 자세에서도 실시할 수 있는데 굳이 무릎으로 서서 실시하는 이유는 서서 하는 것보다 골반의 방향을 고정하기 쉽기 때문이다. 상체의 회전 가동영역 수준에 관해서는 대부분의 선수들이 자각하지 못하고 있기 때문에 우선 현실적인 상황을 자각하게 해야 한다. 무릎으로 서서 실시했으면 선 자세에서도 해본다(사진 3-3).

2. 상체 회전동작 만들기 체조

어깨 넓이보다 약간 넓은 스탠스로 서서 허리를 약간 가라앉히고 두 손을 어깨에, 두 팔꿈치를 몸에 붙이고 그 두 팔의 앞 팔을 밀착시켜 어깨를 오므리고 자세를 잡는다. 그리고 골반과 얼굴은 가능하면 정면을 향한 채 한쪽 어깨가 정면의 턱 아래로 오도록 상체만 수평으로 회전시키는 동작을 좌우 교대로 반복한다(사진 3-4).

처음에는 가동영역과 움직이는 방법을 확인하듯 1회씩 멈추었다가 실시하고, 점차 리드미컬하게 진행하여 마지막에는 전속력으로 반복한다.

허리를 가라앉히는 방법은 무릎을 너무 앞으로 내밀지 말고 고관절을 끌어당기듯 가볍게 가라앉고, 상체는 세우는 것이다(사진 3-5). 허리를 가라앉히라고 하면 고관절을 사용하지 않고 무릎을 앞으로 내밀어 가라앉히는 선수들이 많고(사진 3-6), 고관절을 끌어당기는 점을 지나치게 강조하면 상체가 앞으로 쓰러지는 선수가 있기 때문에(사진 3-7) 주의해야 한다.

두 팔을 이렇게 만드는 이유는 몸과 팔을 일체화시켜 몸만의 움직임

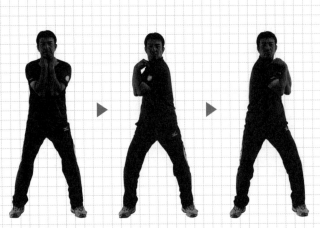

으로 상체의 회전동작을 실시하기 위해서이며, 다른 한편으로는 회전 반경을 가장 작게 해서 회전하기 쉽도록 하기 위해서다.

이 상체 회전 체조를 원활하게 실시할 수 없는 경우의 전형적인 예로 팔이 움직여 준비자세에서 떨어져버린다거나(사진 3-8), 무릎이 움직여 골반도 함께 회전해버린다거나(사진 3-9), 얼굴이 움직여 고정되지 않거 나(사진 3-9), 어깨가 턱 앞으로 올라가버리는 등의 현상을 볼 수 있다.

특히 〈사진 3-10〉은 〈사진 3-9〉의 경우를 극단적으로 표현한 것인 데 골반, 상체, 얼굴 등 모든 것이 하나가 되어 방향을 바꾸고 있다는 사실을 알 수 있다. 이것은 상체의 회전을 만들어내는 흉곽, 견갑골, 척 추 하나하나가 제대로 움직이지 않기 때문에 발생하는 현상이다. 이 부 분들을 제대로 움직일 수 있으면 골반과 얼굴은 고정시킨 채 상체만을 회전시킬 수 있다.

사진 3-5 허리를 가라앉히는 방법

사진 3-6 무릎이 앞으로 나와 있다

사진 3-7 상체가 앞으로 기울어져 있다

사진 3-8 팔이 떨어져 있다

사진 3-9 골반도 함께 회전하고 있다

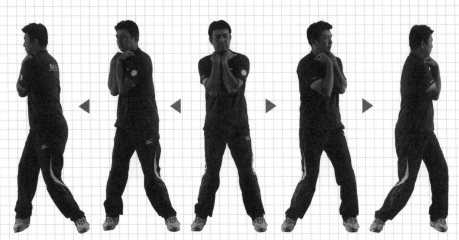

사진 3-10 골반, 상체, 얼굴이 일체화하여 움직이고 있다

사진 3-11 팔을 어깨 옆에 고정하고 상체만을 회전시킨다

따라서 타격에서 "머리를 움직이지 말고 축 회전을 이용해서 쳐라"라
는 식으로 표현되는 동작은 스텝을 밟아 앞으로 진행해서 착지한 이후
에, 이런 관절들이 제대로 작동하여 뒤쪽 허리가 앞으로 진행하더라도

상체는 그 허리의 움직임에 영향을 받지 않고 척추를 축으로 회전하면서 두 어깨가 교체되어야 실현될 수 있는 것이며, 아무리 "얼굴을 고정하라"고 말해도 관절의 움직임이 나쁘면 그것은 불가능하다.

〈사진 3-11〉은 〈사진 3-4〉의 변형으로, 차이점은 팔을 좌우로 벌리고 있다는 것뿐이다. 몸과 팔의 위치 관계를 고정시킨 채 몸을 움직여 상체의 회전을 실시한다는 점은 변함이 없다. 팔을 좌우로 벌린다고 해도 가슴을 펴듯 완전히 젖히는 것이 아니라 바로 옆보다 약간 앞쪽을 향한 견갑골 평면의 연장선 방향을 가리키는 것이며, 팔꿈치를 편하게 떨어뜨리고 안정감 있게 자세를 잡으면 된다.

이 자세의 이점은 한쪽 어깨를 정면으로 가져갔을 때 반대쪽 어깨는 뒤로 돌아가 두 어깨의 방향을 팔의 방향으로 파악할 수 있기 때문에 두 어깨를 교체하는 방법을 기억하기 쉽다는 데에 있다. 또 견갑골이 올라가기 쉬운 선수라 해도 이 방법을 이용하면 무리 없이 수평으로 회전을 하는 경우가 있다. 그렇기 때문에 상체 회전 체조는 〈사진 3-4〉나 〈사진 3-11〉 중에서 편한 방법을 선택해서 실시하면 된다. 〈사진 3-11〉의 방법은 두 어깨를 교체하는 감각을 얻기 쉬운 반면, 회전 반경이 크기 때문에 빨리 움직이는 데에는 부적합하다는 점을 이해하고 구분하여 사용하는 것이다.

3. 상체 회전 체조에서의 드릴 전개

STEP 1 '기본자세'에서의 상체 회전

체조를 통해서 향상시킨 상체 회전동작을 타격동작에서 실시한다.

제2장의 '1. 타격의 기초 동작을 만드는 드릴 전개'에서 STEP ①의 '기본자세'로 선 다음 상반신은 〈사진 3-4〉 또는 〈사진 3-11〉의 체조와 같은 자세로 준비한다(사진 3-12 A, 3-13 A). 이어서 골반과 얼굴은 가능하면 정면으로 향한 채 보텀 핸드의 어깨가 정면의 턱 아래로 올 때까지 상체를 수평으로 비틀고(사진 3-12 B, 3-13 B), 한 호흡을 한 뒤에 순간적으로 두 어깨를 교체, 톱 핸드 쪽 어깨를 턱 아래로 가져간다(사진 3-12 C, 3-13 C).

이 드릴에서 주의해야 할 점은 테이크 백 방향으로 상체를 비틀었을 때 골반까지 함께 움직이지 않도록 해야 한다는 것이다. 골반을 억제하면 어깨가 턱 아래까지 오지 않고, 어깨를 턱 아래까지 넣으려 하면 골반이 움직이는 선수가 있다. 중요한 포인트는 상체 회전동작을 작용시

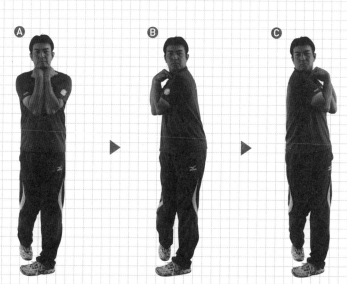

사진 3-12 '기본자세'로 서서 상체의 회전동작만을 실시한다(어깨를 오므린 경우)

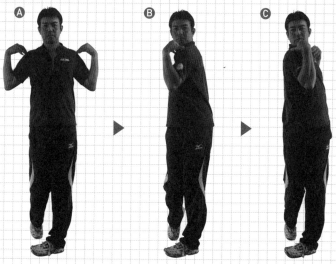

사진 3-13 '기본자세'로 서서 상체 회전동작만을 실시한다(팔을 어깨 옆에서 고정시킨 경우)

키는 것이기 때문에 골반을 완전하게 고정할 수는 없더라도 최대한 움직이지 않도록 신경을 써야 한다. 또 얼굴도 가능하면 움직이지 말아야 하며, 어깨는 올라가지 않도록 하고, 등뼈를 축으로 두 어깨를 수평으로 돌려 순간적으로 교체할 수 있도록 해야 한다.

STEP 2 상체 회전과 보텀 핸드의 연동

STEP ①의 동작에 보텀 핸드를 휘두르는 동작을 첨가하는 것이다.

'기본자세'로 서서 보텀 핸드의 팔꿈치를 어깨 앞가슴 높이에서 거의 직각으로 구부리고, 손을 톱 핸드의 어깨 앞에 두고 자세를 잡는다(사진 3-14 A). 팔의 이런 자세는 상체 회전동작과의 연동으로 보텀 핸드를 수평으로 휘두르기 위한 준비자세다. 팔꿈치를 구부리는 이유는 준비자세에서 견갑골 주변의 근육을 안정시켜 두기 위해서이며, 손을 어느 정도 어깨에 가까이 두어 테이크 백을 보텀 핸드 쪽 어깨의 움직임에서부터 시작하기 쉽도록 하기 위해서다.

STEP ①과 마찬가지로 허리와 얼굴을 가능하면 정면으로 향한 채 상체를 비틀어 보텀 핸드 쪽 어깨를 턱 아래로 충분히 끌어당긴다(사진 3-14 B). 이어서 보텀 핸드 쪽 어깨를 되돌리는 동작으로 상체의 회전을 시작(사진 3-14 C, D), 단번에 두 어깨를 교체하면서 보텀 핸드를 휘두른다. 피니시에서는 보텀 핸드가 두 어깨의 연장선 위에서 백네트 방향으로 뻗어야 하며, 손바닥은 위를 향하도록 한다(사진 3-14 G).

사진 3-14 STEP ①의 동작에 상체의 회전으로 보텀 핸드를 휘두르는 동작을 첨가한다

'기본자세'에서의 한 손 스윙

보텀 핸드로 가볍게 배트를 쥐고 STEP ②의 동작을 실시한다.

준비자세에서는 배트를 어깨에 올리고 거의 수평으로 눕혀 둔다(사진 3-15 A). 이유는 상체의 수평 회전동작이 그대로 보텀 핸드에서부터 배

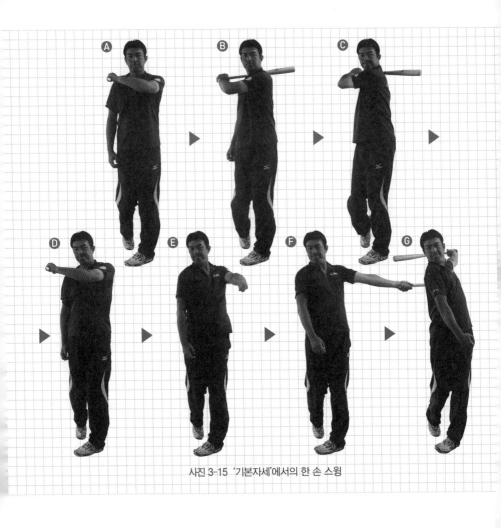

사진 3-15 '기본자세'에서의 한 손 스윙

트로 이어지는 레벨 스윙 동작과 연결되도록 하기 위해서다. 이때 그립은 어깨에서 지나치게 떨어지지 않도록 주의한다. 그립이 어깨에서 떨어질수록 테이크 백에서의 보텀 핸드 쪽 어깨의 스트레치가 충분하게 이루어지지 않아 스윙을 시작할 때 보텀 핸드 쪽 어깨의 리드를 작용하기 어렵기 때문이다.

사진 3-16 상체의 회전에 앞서 팔을 뻗는 동작부터 시작하고 있는 나쁜 예

그 밖의 동작은 STEP ②와 마찬가지다(사진 3-15).

이 드릴에서 특히 주의해야 할 점은 테이크 백에서 턱 아래로 끌어당긴 보텀 핸드 쪽 어깨를 되돌리는 움직임에서부터 스윙을 시작하는 것이다. 즉 상체의 회전동작부터 시작하는 것이며, 팔을 뻗는 움직임에서부터 시작하면(사진 3-16) 안 된다.

이 드릴은 보텀 핸드 쪽 어깨의 리드에 의한 상체 회전동작을 통하여 배트를 이끌어내는 움직임을 새롭게 습득하는 것이 목적이기 때문에, 스트라이크 존은 무시하고 〈사진 3-15 E〉를 중심으로 좌우 대칭의 스윙 궤도로 휘두를 수 있도록 신경을 써야 한다. 경우에 따라서는 45도 정도의 팔로우 스루 쪽을 중심으로 휘두르지 않으면 충분한 상체 회전동작을 이끌어내지 못하는 선수도 많이 있다.

여기까지 실시한 뒤에 제2장의 '1. 타격의 기초 동작을 만드는 드릴 전개'에서 'STEP ⑤. 보텀 핸드를 이용한 한 손 스윙'으로 되돌아가 보면, 상체 회전동작이나 보텀 핸드 쪽 어깨의 리드 동작이 상당히 좋아졌을 것이다. 또 이 '기본자세'를 유지한 채 팔로우에서 톱 핸드를 떼는 양손 스윙을 실시한 뒤에 제2장의 '1. 타격의 기초 동작을 만드는 드릴 전개'의 'STEP ⑥. 양손 스윙으로의 이행'의 양손 스윙으로 이행해보는 것도 좋다.

4. 상체 회전동작과 골반 회전동작의 조합

〈타자 이론편〉에서 상체 회전동작과 골반 회전동작에 관하여 각각의 구조와 이 두 가지 회전동작을 조합시키는 중요성에 관하여 자세히 설명했지만, 이것은 타격에서의 신체 사용 방법의 근간이라고 말할 수 있는 매우 중요한 포인트이기 때문에 체조를 소개하기 전에 한 번 더 요점을 정리해두기로 한다.

상체 회전동작은 표면상 상반신이라는 하나의 물체를 비트는 것처럼 보이지만, 그 구조를 골격의 움직임으로 살펴보면 포인트는 좌우의 견갑골과 흉곽의 움직임 및 흉추의 회선이다. 상체 회전동작은 심호흡에서 숨을 내쉴 때처럼 어깨를 오므리는 동작과, 숨을 들이마실 때처럼 어깨를 등 쪽으로 끌어당겨 가슴을 펴는 동작을 좌우 반대로 실현하는 것이기 때문에 얼굴을 움직이지 말아야 두 어깨를 올바르게 교체할 수 있다.

이 상체 회전동작을 이해하기 위해 견갑골과 함께 움직이는 흉곽의 움직임은 일단 무시하고 흉곽을 통 모양의 물체라고 가정, 견갑골은 그 주변을 움직이는 것이라고 생각하면 상체 회전이란 좌우 견갑골이 흉곽 주변을 수평으로 미끄러지면서 이루어지는 것이라고 말할 수 있다.

따라서 어디까지나 극단론이지만 견갑골이 미끄러지는 가동영역이 극단적으로 넓으면 하반신, 골반, 복부가 착지했을 때와 마찬가지로 투수에 대해 옆 방향이고, 얼굴도 착지했을 때와 같은 방향이라고 해도 좌우의 어깨만을 교체하여 가장 적은 동작으로 재빨리 배트를 앞으로 이동시킬 수 있다.

실제로는 견갑골의 움직임만으로 이 정도의 가동영역을 얻을 수는 없기 때문에 축각, 골반, 복부를 모두 투수 방향으로 향하게 되지만, 적어도 이 견갑골의 슬라이드에 의한 상체 회전동작의 능력 수준이 배트를 재빨리 앞으로 내미는 능력에 있어서 매우 중요하다는 사실은 변함이 없다.

한편 골반 회전동작의 효과적인 움직임은 내딛는 다리를 지탱점으로 삼아 그 다리의 뿌리 부분을 향하여 뒤쪽 허리가 직선으로 부딪혀 가는 것이다. 내딛는 다리의 지탱점이 안정되어 있는 스윙을 가리켜 이미지로서 '벽이 무너지지 않는 스윙'이라고 표현한다.

이 골반 회전동작은 착지한 순간에 투수에 대해 옆 방향에 가까운 상태를 유지한 채 내딛는 다리 쪽으로 상체를 옮겨가는 매우 미세한 움직임부터 시작한다. 이 동작에 의해 그립도 움직이기 시작하고 직선적인 방향성을 얻으면서 그와 동시에 발생하는 상체의 회전동작을 이용하여 배트를 이끌어내는 것에 의해 배트는 '톱'에서 톱 핸드 쪽 어깻죽지와 가까운 위치 관계가 바뀌지 않은 상태로 앞으로 운반된다. 이것이 배트를 '안쪽에서 내민다'는 스윙의 구조다.

이처럼 척추를 축으로 두 어깨가 교체되는 상체 회전동작과, 내딛는 다리의 지탱점을 향하여 매우 미세하게 옆으로 이동하기 시작하면서 그대로 뒤쪽 허리가 직선으로 진행하여 방향이 바뀌는 골반 회전동작의 조합에 의해 배트를 '안쪽에서' 재빨리 무리 없이 앞으로 내미는 스윙을 실현할 수 있는 것이다.

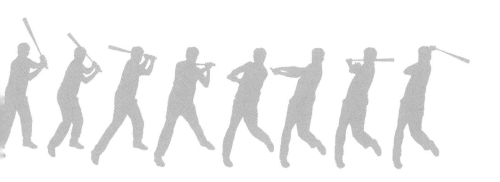

5. 상체 회전동작과 골반 회전동작을 조합시키는 체조

우선 어깨 넓이 정도의 스탠스를 잡고 서서 중심은 거의 가라앉히지 않고 상체는 제3장의 '3. 상체 회전 체조에서의 드릴 전개'의 STEP ① 과 마찬가지로, 두 가지 자세 중 어느 한 가지 자세로 잡은 다음에 얼굴만 투수 방향으로 향한다(사진 3-17~3-20 각 A). 그리고 옆으로 한 걸음 내딛는 스텝에 맞추어 보텀 핸드 쪽 어깨를 턱 아래로 끌어당기고(사진 3-17~3-20 각 B~C) 착지한 순간에, 하반신에서는 골반을 투수를 향해 옆을 향한 상태를 유지한 채 내딛는 다리 방향으로 이동시키는 '슬라이드 동작'부터 시작하는 회전을, 상반신에서는 등뼈를 중심축으로 삼아 두 어깨를 교체하는 '상체 회전동작'을 동시에 실시한다(사진 3-17~3-20 각 D~F).

골반 회전동작은 내딛는 다리를 지탱점으로 삼아 뒤쪽 허리를 가능하면 직선으로 앞으로 진행시킬 수 있도록 신경을 쓰고(사진 3-17, 3-19 각 C~F), 상체 회전동작은 착지할 때 보텀 핸드 쪽 어깨가 턱 아래에 위치한 자세에서 톱 핸드 쪽 어깨가 턱 아래로 올 때까지 두 어깨를 순간

사진 3-17 두 어깨를 오므리고 상체와 골반의 회전동작을 조합시킨 체조(정면)

적으로 교체하도록 신경을 쓴다(사진 3-17~3-20 각 C~F).

이 일련의 동작을 실시할 때 특히 주의해야 할 점은 스텝을 내딛는 데에 맞추어 보팀 핸드 쪽 어깨를 턱 아래로 끌어당길 때 골반은 투수에 대해 바로 옆 방향인 상태를 유지해야 한다는 것이다(사진 3-17~3-20

사진 3-18 두 어깨를 오므리고 상체와 골반의 회전동작을 조합시킨 체조(옆면)

각 A~C). 견갑골이나 흉곽의 움직임이 나쁜 선수인 경우 어깨를 넣으려 하면 골반과 내딛는 다리의 무릎까지 들어가기 쉽고, 그럴 경우 골반과 상체가 같은 방향을 향한 채 착지를 맞이하기 때문에 '비틀림'이라고 불 리는, 보텀 핸드 쪽 옆구리에서부터 어깨에 걸친 스트레치 상태를 만들지 못해서 날카로운 상체 회전을 만들 수 없다.

그 때문에 일반적인 타격동작이라면 스텝을 한 걸음 내딛기 전에 내딛는 다리를 축각 쪽으로 끌어당기거나 들어 올리기도 하지만, 이 체조에서는 좁은 스탠스를 잡은 상태에서 '바로 옆으로 단지 한 걸음 내디딜 뿐'이다. 내딛는 다리를 끌어당기는 동작이나 들어 올리는 동작에 맞추어 골반의 방향까지 들어가버리면 그 움직임에 의해 상체에도 테이크백 동작이 시작되기 쉬워 골반과 상체가 계속 거의 같은 방향을 향한 채 동작이 진행될 가능성이 높다.

그리고 이 체조를 실시하는 의미 자체에 관하여 주의해야 할 점이 있는데, 상체의 회전동작으로 두 어깨를 확실하게 교체하려 할수록 상체의 움직임에 이끌려 골반에도 멀리 돌아가는 회전이 발생하기 쉽다는 것이다(사진 3-21).

견갑골이나 흉곽에 충분한 가동영역이 갖추어져 있으면 상체 회전동작을 충분히 실시해도 그 움직임이 골반의 움직임에 영향을 끼치지는 않는다. 하지만 견갑골이나 흉곽의 움직임이 나빠 골반과 상체가 함께 움직이는 선수일수록 뒤쪽 허리를 직선으로 앞으로 진행시키는 골반의 움직임을 중시하게 되면 상체의 회전동작이 충분히 이루어지지 않고, 두 어깨를 교체하는 상체의 회전동작을 중시하면 골반이 멀리 돌아가버린다.

이런 선수가 아무리 노력해도 좀처럼 문제가 해결되지 않는 경우에는 〈사진 3-22〉처럼 회전할 때 축족을 발뒤꿈치 방향으로 약간 비켜 놓는 것도 효과적인 수단이 된다.

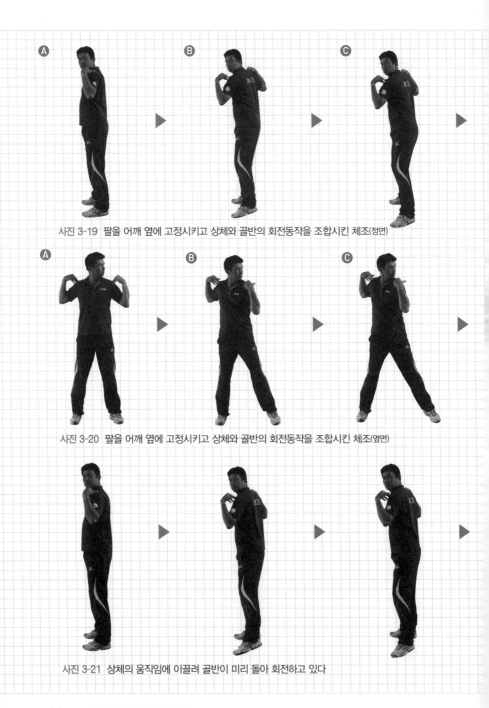

사진 3-19 팔을 어깨 옆에 고정시키고 상체와 골반의 회전동작을 조합시킨 체조(정면)

사진 3-20 팔을 어깨 옆에 고정시키고 상체와 골반의 회전동작을 조합시킨 체조(옆면)

사진 3-21 상체의 움직임에 이끌려 골반이 미리 돌아 회전하고 있다

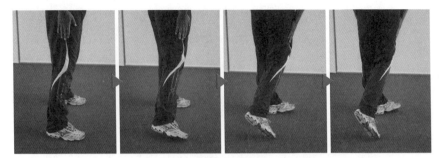

사진 3-22 축족을 발뒤꿈치 방향으로 약간 비켜 놓는 동작

이 체조에서 골반과 상체의 두 가지 회전동작을 조합시킬 수 있게 되면 제2장의 '1. 타격의 기초 동작을 만드는 드릴 전개'의 STEP ④나 STEP ⑤의 한 손 스윙으로 돌아간다.

제**4**장

보텀 핸드가 주체가 되어 리드하는 능력 개발

• • •

지금까지 상체의 회전동작이 충분하지 못해서 톱 핸드가 주체를 이루는 스윙을 하고 있던 선수는 많이 있을 것이다. 그런 선수는 여기에서 소개하는 특별한 방법을 이용하여 보텀 핸드가 주체가 되어 리드하는 능력을 높이도록 한다.

1. '좌우 대칭' 스윙

STEP 1 한 손–정면–바로 아래

이 한 손 드릴을 실시할 때에는 확실하게 '가볍다'는 느낌이 드는 배트를 이용해서 시작하기를 권한다. 새로운 동작을 개발하는 데에는 조작하기 쉬운 배트가 효과적이기 때문이다. 내가 지도하고 있는 시설에서는 고등학생이라면 초등학교 고학년용 배트나 녹 배트(짧게 잡는다), 중학생이라면 초등학교 저학년용 배트, 초등학생이라면 플라스틱 배트를 이용하게 한다. 이런 배트를 이용해서 제대로 실시할 수 있게 되면 그때 일반적인 배트를 사용하면 된다.

우선 〈사진 4–1〉처럼 똑바로 세운 배트 위에 머리가 오도록 선다. 두 발의 전후 관계는 내딛는 다리가 앞이다. 그 다리에 모든 체중을 싣고, 뒤쪽 다리는 균형을 잡기 위해 발끝을 바닥에 대고 있기만 하면 된다.

다음에 그 자세에서 보텀 핸드만을 이용하여 배트를 잡고, 배트를 세우고 있던 위치(머리 바로 아래)를 중심으로 추를 흔들 듯 좌우로 흔든다

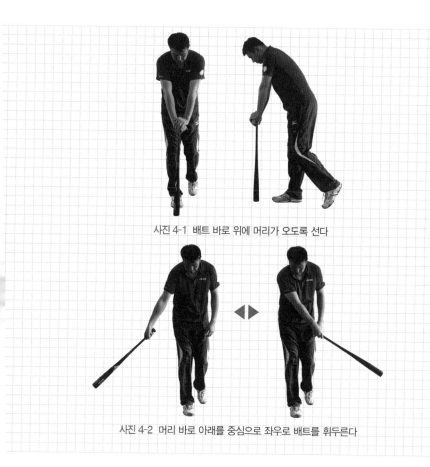

사진 4-1 배트 바로 위에 머리가 오도록 선다

사진 4-2 머리 바로 아래를 중심으로 좌우로 배트를 휘두른다

(사진 4-2). 이때 헤드의 궤적이 발끝을 향한 정면 방향과 완전히 직각을 이루도록 한다. 헤드가 통과하는 궤적에 맞추어 지면에 기준선을 긋고 실시하면 도움이 된다.

지금부터 실시하는 스윙 궤도의 라인은 시작하는 시점, 스윙을 하는 도중, 테이크 백, 팔로우 등 모든 경우에 이 라인 위에서 벗어나지 말아야 한다. 라인 위에 수직으로 세워 놓은 원반 안에서 배트를 움직이는

사진 4-3 보텀 핸드만을 이용한, 바로 아래로 향하는 좌우 대칭 스윙(정면)

사진 4-4 보텀 핸드만을 이용한, 바로 아래로 향하는 좌우 대칭 스윙(옆면)

것이라고 생각하면 된다(그런 이미지를 가져도 실제 스윙 궤도는 위쪽이 몸 쪽
으로 기울어진 원반 모양이 된다). 그리고 머리는 그 원반을 수직으로 내려
다본다.

여기까지 확인을 했으면 실제 스윙으로 들어간다(사진 4-3, 4-4).

처음에 배트를 세웠던 위치에서 라인을 따라 후두부까지 배트를 휘
둘러 올리고(사진 4-3, 4-4 각 A~D), 머리 바로 아래의 위치까지 팔과 배

트가 일직선이 되도록 라인을 따라 휘둘러 내린 다음, 내려오는 관성을 이용해서 단번에 팔로우까지 휘둘러 올린다(사진 4-3, 4-4 각 D~J). 그리고 팔로우에서 휘둘러 올린 배트가 자연스럽게 내려오는 흐름을 타고 같은 궤적을 반대 방향으로 휘둘러 다음 스윙을 시작하기 위한 자세(사진 4-3 D, 4-4 D)로 돌아오는 동작을 반복한다.

양방향의 스윙 모두 스윙의 궤적이 정면(얼굴 바로 아래의 팔과 배트가 일

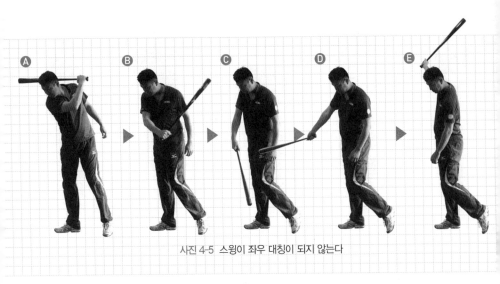

사진 4-5 스윙이 좌우 대칭이 되지 않는다

직선이 되는 위치)을 중심으로 좌우 대칭의 원을 그리도록 신경을 쓴다.

이 스윙을 바로 옆에서 찍은 〈사진 4-4〉를 보면 D에서의 팔꿈치에서부터 그립까지의 라인의 각도, E와 F에서의 배트의 각도, G에서의 팔에서부터 배트까지의 라인의 각도, I에서의 배트의 각도, J에서의 팔에서부터 배트까지의 라인의 각도가 거의 같다는 사실을 알 수 있을 것이다. 이것은 보텀 핸드 쪽 어깨에서부터 팔 및 배트가 머리 바로 아래에 놓여 있는 하나의 원반 모양의 공간을 움직이고 있기 때문으로, 이것이 좌우 대칭 스윙이다. 여기에 비하여 〈사진 4-5〉에서는 왼쪽 비스듬히 앞쪽이 내려간 원반 모양의 궤도로 스윙이 이루어지고 있으며, 정면에서 보았다고 가정했을 때 좌우 대칭의 스윙이 되지 않고 있다는 사실을 알 수 있다.

이런 스윙 궤도가 만들어지는 원인은 스윙을 시작할 때의 자세에 있다. 〈사진 4-4 D〉에서는 보텀 핸드 쪽 어깨를 턱 아래로 끌어당겨도 견갑골, 흉곽의 가동영역에 여유가 있기 때문에 그 움직임에 의해 상체에 발생하는 방향에 끼치는 영향은 최소한으로 줄일 수 있고, 골반의 방향은 거의 정면인 상태를 계속 유지할 수 있다. 이 사진을 통해서는 정확하게 확인할 수 없지만 보텀 핸드 쪽 어깨에서부터 팔꿈치까지의 라인이나 배트의 그립에서부터 헤드까지의 라인도 기준으로서 지면에 그려 놓은 라인과 평행을 이루고 있다.

한편 〈사진 4-5 A〉에서는 보텀 핸드 쪽 어깨를 턱 아래로 끌어당기는 동작에 의해 허리의 방향을 정면 방향으로 유지할 수 없을 정도로 상체가 비틀어져 있다. 그 결과 배트의 헤드가 정면 방향을 향하고, 보텀 핸드 쪽 어깨에서부터 팔, 배트에 걸친 라인은 비스듬히 앞쪽으로 내려가는 스윙 플레인을 향하는 자세가 되어버린다.

이런 스윙 궤도를 그리는 선수가 허리의 방향을 정면 방향으로 고정하고 보텀 핸드 쪽 어깨에서부터 팔, 배트에 걸친 라인을 좌우 대칭인 스윙 플레인에 맞추려 하면, 이번에는 보텀 핸드 쪽 어깨가 턱 아래로 제대로 들어가지 못해 어깨의 리드로 스윙을 하는 데에 필요한 근육의 사전 스트레치가 충분히 이루어지지 않는다.

하지만 그런 선수가 보텀 핸드 쪽 어깨로 스윙을 리드하는 동작을 습득하도록 하는 것이 이 드릴의 목적이기 때문에, 골반의 방향을 계속 정면을 향하도록 고정시키면서 보텀 핸드 쪽 어깨를 턱 아래로 끌어당길 수 있도록 노력하게 해서 견갑골이나 흉곽의 가동영역을 최대한 이끌어내어 좌우 대칭의 스윙을 할 수 있는 자세를 만들 수 있도록 해야 한다.

이 드릴뿐 아니라 실제 스윙에서도 중요한 점은 견갑골이나 흉곽의 움직임에 의한 보텀 핸드 쪽 어깨를 오므리는 동작에 의해 골반의 방향이 영향을 받지 않도록 테이크 백을 실시해야 하며, 그 어깨는 '톱'에서 충분히 턱 아래까지 당겨지고 골반과 상체 사이에 상체 회전동작을 이끌어내기 위한 '비틀림'이라고 불리는 스트레치 상태를 형성하는 것, 스윙을 시작할 때에는 보텀 핸드 쪽 어깨에서부터 팔, 배트에 걸친 라인이 배트를 휘두르고 싶은 방향과 일치해야 한다는 것이다.

〈사진 4-3 D~F〉를 보자. 손목과 팔꿈치의 각도가 고정된 채 턱 아래로 끌어당긴 보텀 핸드 쪽 어깨를 되돌리는 동작에 의해 스윙이 시작되고 있다. 그리고 그 중심에서 발생하는 에너지가 말단 부위까지 전해져 〈사진 4-3 G~I〉에서는 팔꿈치를 뻗는 동작에 수반하여 자연스럽게 손목이 젖혀지고 있다.

보텀 핸드 쪽 어깨의 이런 움직임이 나쁘면 스윙을 시작할 때 팔꿈치를 뻗는 동작이 먼저 시작되는 '멀리 돌아가는' 스윙이 되거나, 어깨가 움직이지 않고 팔만 움직여 '팔꿈치를 뺀다'고 불리는 스윙에 의해 팔꿈치가 뻗은 지점에서 그립의 위치가 멈추어 손목만이 젖혀지는 현상이 발생한다.

테이크 백은 견갑골, 흉곽의 가동영역을 토대로 보텀 핸드 쪽 어깨를 턱 아래로 끌어당기는 동작으로 실시해야 하며, 그 어깨를 되돌리는 동작으로 스윙을 시작해야 한다.

STEP 2 양손-정면-바로 아래

양손으로 배트를 잡은 상태에서 STEP ①의 한 손 스윙과 마찬가지 동작을 실시한다(사진 4-6, 4-7). 그리고 두 팔을 뻗는 지점 근처에서 톱 핸드를 뗀다.

보텀 핸드 쪽 어깨의 움직임으로 스윙을 시작할 것(사진 4-6 B~D), 바로 옆에서 볼 때 보텀 핸드 쪽 어깨에서부터 팔과 배트에 걸친 라인이 바로 아래에서 좌우로 기울어지지 않는 스윙 플레인 위를 움직일 것(사

사진 4-6 양손을 이용하여 배트가 바로 아래로 향하게 하는 좌우 대칭 스윙(정면)

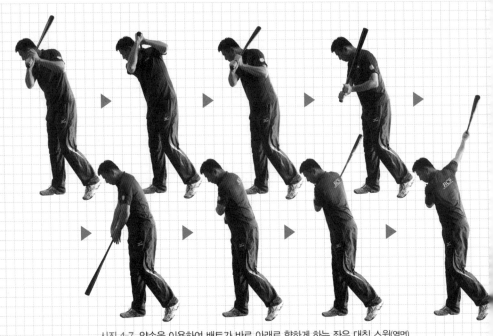

사진 4-7 양손을 이용하여 배트가 바로 아래로 향하게 하는 좌우 대칭 스윙(옆면)

진 4-7), 골반을 정면 방향으로 고정한 채 실시할 것 등 실시할 때의 포인트는 STEP ①과 마찬가지다.

  처음에는 STEP ①에서 사용한 가벼운 배트를 잡고 실시하고 나서 올바르게 구사할 수 있게 된 이후에 일반적인 배트로 전환해도 되고, 일련의 '좌우 대칭 스윙' 드릴을 가벼운 배트를 잡고 실시하고 나서 보텀 핸드가 주체를 이루는 스윙을 할 수 있게 된 이후에 일반적인 배트로 전환해도 된다.

STEP 3 양손-정면-벨트 높이

STEP ②에서 양손으로 바로 아래를 향하는 좌우 대칭 스윙을 할 수 있게 되면 이번에는 스윙의 각도를 올려 벨트 높이로 향하는 좌우 대칭 스윙을 하는데, 지금까지와 마찬가지로 내딛는 다리에 모든 체중을 실은 자세로 실시한다(사진 4-8, 4-9). 이 스윙을 실시할 때의 포인트 및 주의해야 할 점은 STEP ①, ②와 같다.

이 STEP ③의 전단계로서 STEP ①, ②에서 바로 아래 방향으로 향하여 스윙을 실시해 온 이유는 다음과 같다.

① 좌우 대칭의 스윙 궤도를 확인하기 쉽다.

② 중력을 이용해서 바로 아래로 배트를 떨어뜨리면 보텀 핸드 쪽 어깨 주변의 근력이 약해도 보텀 핸드를 주체로 어깨를 이용해서 리드할 수 있다.

③ 테이크 백에서 보텀 핸드 쪽 어깨가 올라가버리는 움직임이 발생하기 어렵다.

④ 일반적인 스윙과 궤도를 크게 바꾸는 것으로 평소의 감각을 단절할 수 있다.

다시 말해 평소에 보텀 핸드 쪽 어깨의 리드가 원활하게 이루어지지 않는 선수의 입장에서 볼 때 벨트 높이에서 좌우 대칭으로 스윙을 하는 것은 간단한 일이 아니기 때문에 벨트 높이로 각도를 올렸는데도 좌우 대칭으로 스윙을 할 수 있는가 하는 것이 이 일련의 드릴의 가장 큰 포인트다.

〈사진 4-10〉은 STEP ③에서 좌우 대칭으로 휘두르지 못하는 경우의

사진 4-8 벨트 높이로 향하는 좌우 대칭 스윙(정면)

사진 4-9 벨트 높이로 향하는 좌우 대칭 스윙(옆면)

예다. 스윙 이후에 보텀 핸드 쪽 어깨의 리드가 충분히 작용하지 않고 톱 핸드의 작용이 강한 경우, 그리고 보텀 핸드 쪽 어깨가 올라가버리는 경우에는 아무래도 비스듬한 궤도로 스윙을 할 수밖에 없다.

평소에 톱 핸드 주체의 스윙을 하는 선수는 실제로 양손으로 배트를 잡고 가까운 높이로 스윙을 하려 하는 순간 톱 핸드가 주체를 이루는 스윙이 되기 쉽다. 또 그런 선수들 대부분은 견갑골이나 흉곽의 움직임이

나쁘고 보텀 핸드 쪽 어깨가 충분히 기능을 다하지 못해서 톱 핸드가 주체를 이루는 스윙을 하는 것이기 때문에 테이크 백이나 스윙을 시작할 때 보텀 핸드 쪽 어깨가 올라가기 쉬운 것이다. 따라서 보텀 핸드 쪽 어깨에서부터 팔, 배트에 걸친 라인을 휘두르고 싶은 스윙 플레인 각도에 일치시키면서도 보텀 핸드 쪽 어깨가 올라가지 않고 보텀 핸드가 주체를 이루는 스윙을 실시할 수 있도록 의식을 집중해야 한다. 여기에서는

사진 4-10 좌우 대칭으로 스윙을 하지 않는다

사진 4-11 그립보다 헤드를 내린 톱에서 팔로우 스루 쪽으로 비스듬히 내려가는 스윙

그 비스듬한 스윙이 좋은 스윙인가 나쁜 스윙인가는 문제가 아니다. 좌우 대칭으로 스윙을 하려고 하는데도 그렇게 하지 못하는 것이 문제다.

〈사진 4-10〉처럼 아무리 노력해도 좌우 대칭의 스윙을 할 수 없는 경우에는 〈사진 4-11〉처럼 스윙을 해본다. 테이크 백에서 그립보다 헤드를 내려 보텀 핸드 쪽 어깨에서부터 팔, 배트에 걸친 라인의 각도를 투수 쪽에서 볼 때 팔로우 스루 방향을 향하여 내려가는 비스듬한 스윙 플레인 각도에 맞추고(사진 4-11 C), 보텀 핸드 쪽 어깨로 리드하여 그 라인의 각도대로 배트를 이끌어내는 것이다(사진 4-11 C~F).

애당초 '좌우 대칭 스윙'의 드릴은 투수 쪽에서 볼 때 좌우 대칭의 궤도로 스윙을 하는 것 자체에 가장 큰 의미가 있는 것은 아니다.

① 보텀 핸드 쪽 어깨에서부터 팔, 배트에 걸쳐 형성된 라인의 각도대로 보텀 핸드 쪽 어깨가 배트를 이끌어낼 것.

② 스윙을 하는 방향을 실제로 타격을 할 때의 스윙(톱 핸드가 주체를 이루는 스윙에 의해 헤드가 내려가거나 멀리 돌아가거나 빨리 젖혀지는 현상이 발생하는 나쁜 스윙)보다 앞쪽으로 옮기고 스윙 전체의 원 궤도를 팔로우 스루 쪽으로 바꾸는 것으로 보텀 핸드 쪽 어깨의 리드를 강제로 만들어낼 것.

이 두 가지 사항이 '좌우 대칭 스윙' 드릴에서의 중요한 의미다. 이 점에 있어서는 〈사진 4-11〉의 스윙도 스윙 각도가 다를 뿐이지 실시하고 있는 내용은 같다. '좌우 대칭 스윙' 드릴보다 더 팔로우 스루 쪽으로 스윙을 하여 보텀 핸드 쪽 어깨의 리드가 보다 자연스럽게 작용하기 쉬운 조건을 강화하고 있는 것이다. 그리고 보다 더 팔로우 스루 쪽으로 스

윙을 하려면 〈사진 4-11 C〉처럼 그립보다 헤드를 내린 배트의 각도와
보텀 핸드의 라인의 각도가 필요하다.

바꾸어 말하면 톱 핸드가 주체를 이루는 스윙을 하고 있는 선수라면
좌우 대칭으로 스윙을 할 수도, 〈사진 4-11〉처럼 스윙을 할 수도 없다.

실제로는 스트라이크 존의 공만 친다고 해도 바람직한 신체 사용 방
법을 습득하는 데에 효과적이라면 반드시 '실제와 마찬가지'여야 하는
것은 아니다. 실제 스윙 궤도가 나쁘기 때문에 수정하는 것이니까 '실제
와 마찬가지'라는 데에 얽매여서는 아무 것도 바뀌지 않는다. 스트라이
크 존의 공을 정확하게 포착하기 위해 배트를 내미는 방법과 그 방법을
실현하기 위한 신체 사용 방법을 습득한다는 명확한 목적을 위해 굳이
스트라이크 존은 무시하고 팔로우 스루 쪽으로 휘두르는 것이다.

이 방법으로 스윙을 할 수 있게 되었으면 이후의 스텝도 마찬가지 궤
도로 스윙을 실시한다.

STEP 4 내딛는다+STEP ③

STEP ③에서 벨트 높이로 좌우 대칭의 스윙을 할 수 있게 되었으면
한 걸음 내딛는 동작을 첨가하여 똑같은 스윙을 실시한다.

STEP ③의 자세에서 앞으로 나가 있는 발을 당기고 두 발을 모아 진행
방향을 정면으로 바라보면서 준비자세(이것이 시작 자세)를 잡은 다음에 앞
으로 한 걸음 가볍게 내딛는 타이밍에 맞추어 테이크 백을 실시, 이어서
STEP ③처럼 벨트 높이로 좌우 대칭 스윙을 실시한다(사진 4-12, 4-13).

사진 4-12 한 걸음 내딛으면서 벨트 높이로 휘두르는 좌우 대칭 스윙(정면)

사진 4-13 한 걸음 내딛으면서 벨트 높이로 휘두르는 좌우 대칭 스윙(옆면)

내딛은 후의 스탠스의 폭이나 피니시 자세는 STEP ③과 같고, 실시할 때의 포인트 및 주의해야 할 점도 STEP ①~③과 같다.

STEP 5 옆 방향+STEP ④

한 걸음 스텝을 첨가하여 좌우 대칭의 스윙을 할 수 있게 되면 이번에는 옆 방향으로 스텝을 내딛어도 똑같은 스윙을 할 수 있도록 한다(사진 4-14).

한 걸음 내딛는 타이밍에 맞추어 테이크 백을 실시하는 것이나 실시할 때의 포인트, 주의해야 할 점은 지금까지와 마찬가지이지만 여기에서는 특히 골반의 방향을 시작할 때와 마찬가지로 투수 방향에 대해 옆

사진 4-14 옆 방향 자세에서 스텝을 내딛는 좌우 대칭 스윙

방향인 상태인 채 전혀 바꾸지 않고 스텝을 밟는 것이 중요하다. 테이크 백에서 보텀 핸드 쪽 어깨를 턱 아래로 끌어당기려 하면 견갑골의 움직임이 나쁜 선수는 골반이나 내딛는 다리의 무릎까지 함께 들어가기 쉽다. 그래서는 착지에서 골반과 상체가 같은 방향을 향하게 되어 보텀 핸드 쪽 어깨에 스트레치 상태를 만들 수 없고(이른바 '비틀림'이 형성되지 않는다), 스윙을 시작할 때 보텀 핸드 쪽 어깨의 리드를 충분히 활용할 수 없다.

또 옆 방향에서 스텝을 밟게 되면 무의식중에 스텝을 밟기 전에 발을 끌어당기거나 들어 올리기 쉬운데 그 발의 움직임에 의해 골반의 방향까지 들어가버리면 상체도 당연히 들어가고 그립 역시 동조하여 움직이기 때문에 스텝을 밟는 타이밍에 맞추어 테이크 백을 할 수 없으며 착지

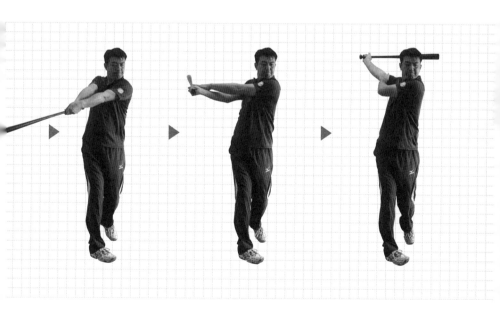

할 때 중요한, 골반의 방향에 대해 보텀 핸드 쪽 어깨가 들어간 스윙 준비자세를 만들 수 없다. 그렇게 되지 않도록 하기 위해 여기에서는 스텝을 밟기 전에 발을 끌어당기거나 들어 올리는 동작은 하지 말고 단순히 옆으로 한 걸음 내딛는 동작만 실시한다.

STEP 6 티 배팅

STEP ⑤까지로 '좌우 대칭 스윙' 드릴은 끝난다. '좌우 대칭 스윙' 드릴을 통해서 보텀 핸드가 주체를 이루는 스윙을 할 수 있게 되었으면 공을 칠 때에도 그 스윙 동작을 그대로 실현할 수 있도록 티 배팅이나 토스 배팅을 해본다.

어느 쪽이건 STEP ⑤까지 만들어온 스윙 그대로 칠 수 있어야 하기 때문에 처음에는 그것이 가능한 포인트에 티 업, 또는 토스 업을 하는 것이 좋다.

이후에는 발로 리듬을 맞추는 동작을 첨가하여 다른 준비자세로 시작해도 같은 스윙으로 공을 칠 수 있는지 확인하고, 실제 타격 연습으로 들어가면 된다.

배트를 잡는 방법에 관하여

흔히 배트를 잡는 방법에 관해서는 "엄지손가락 뿌리 근처로 잡는다"고 말한다. 그 이유로 '배트를 컨트롤하기 위해', '손바닥으로 잡으면 힘이 너무 많이 들어가 손목이 굳어서 나쁘기 때문에'라고 표현하는데 과연 그럴까.

〈사진 4-A〉는 엄지손가락 뿌리 부분에 걸치듯 잡은 '핑거 그립finger grip', 〈사진 4-B〉는 손바닥 한가운데로 잡은 '팜 그립palm grip'이다.

우선 부드러움을 이미지하면서 배트를 손가락에 걸치고 한 손에 '핑거 그립'을 만들고 반대쪽 손으로 배트를 돌려보자. 가볍게 쥐고 있으면 배트는 손 안에서 쉽게 돌아가기 때문에 고정을 하려면 강하게 움켜쥐어야 한다.

다음에는 손바닥과 배트가 밀착되는 면적이 많아지도록 '팜 그립'을 만들고 마찬가지로

사진 4-A 핑거 그립

사진 4-B 팜 그립

다른 손으로 배트를 돌려보자. 가볍게 힘을 주는 것만으로도 배트는 움직이지 않는다. 즉 그립의 안정은 힘이 아니라 마찰에 의해 만들어지는 것이다.

이런 점에서 보면 '핑거 그립'은 가볍게 쥐고 있으면 확실히 손목을 부드럽게 움직일 수 있지만 나쁘게 말하면 그립이 느슨하고 그 느슨함을 없애기 위해 강하게 잡으면 손목을 부드럽게 움직일 수 없게 되며, '팜 그립'은 힘을 빼고 있어도 그립을 안정적으로 잡을 수 있다고 말할 수 있다.

그렇다면 왜 손목을 이용해서 배트 컨트롤을 하는 것일까. 강하게 치고 싶을 때 스윙 도중에 배트의 궤도를 미묘하게 수정하는 것은 손목의 움직임으로는 불가능하다.

이치로鈴木一朗 선수처럼 내 생각이 미칠 수 없을 정도로 높은 수준의 플레이어라면 그런 고도의 기술을 구사할 수 있을지 모른다. 그러나 설사 그렇다고 해도 타격의 기본으로서 우선적으로 갖추어야 할 중요한 점은 그런 존재할지도 모르는 테크닉이 아니라 '여기로 휘두른다'고 생각한 지점으로 1밀리미터의 오차도 없이 배트를 휘두를 수 있는 능력이다. 그럴 경우 손 안에서 배트가 느슨해지는 '핑거 그립'은 "배트 컨트롤을 위해서"라고 말하지만 사실은 휘두르고 싶은 지점에 대해 배트가 벗어나는 원인을 스스로 만들고 있는 것이 된다.

물론 그립에 관해서는 습관적인 감각의 문제도 있기 때문에 반드시 "핑거 그립은 나쁘다"고 말하는 것은 아니다. 또 모든 선수들이 '팜 그립'으로 교정해야 한다고 생각하지도 않지만, 보텀 핸드의 리드에 문제가 있는 선수가 '핑거 그립'을 이용하는 경우라면 보텀 핸드만이라도 '팜 그립'을 이용하기를 권한다.

〈타자 이론편〉은 물론, 이 책에서도 몇 번이나 설명했듯 보텀 핸드 쪽 어깨에서부터 팔, 배트에 걸친 라인의 각도를 공을 향하는 스윙 플레인 각도에 맞추고 그것을 보텀 핸드 쪽 어깨의 리드(상체의 회전)로 라인에 맞추어 배트를 내미는 것이 정확하게 공을 포착하기 위한 기본 원칙이다. 따라서 그립의 느슨함 때문에 배트가 머릿속에 그린 스윙 플레인에서 벗어나서는 곤란하다.

또 '핑거 그립'은 확실히 손목이 잘 움직이지만, 이것을 뒤집어 말하면 손목으로 스윙을 할 확률이 높아진다는 뜻이기도 하다. 손목으로 스윙을 하는 동작은 스윙을 할 때의 신체 사용 방법에서 볼 때 헤드가 빨리 젖혀진다거나 '비틀리는' 현상과 연결되기 때문에 정확성이라는 점에서 마이너스다. 물론 견갑골이나 흉곽이 제대로 움직여 상체의 회전이 충분히 이루어지고 있는 선수인 경우에는 커다란 악영향은 없을지도 모른다. 그러나 견갑골이나 흉곽의 움직임이 나쁜 선수인 경우에는 손목이나 팔꿈치 앞쪽의 동작만으로 스윙을 하는 원인이 될 수 있다. '팜 그립'에서는 보텀 핸드에서부터 배트까지 하나로 이어진 것처럼 일체화되어 상체의 회전력이 그대로 배트의 움직임으로 이어진다. 보텀 핸드를 팜 그립으로 잡는 것만으로 스윙 궤도가 좋아지거나 상체의 회전력이 직접적으로 스윙에 전달되어 스윙이 강해지는 선수는 많이 있다.

2. '다운 스윙down swing'의 진정한 의미

　스트라이크 존을 대상으로 휘두르지 않고 스윙 궤도 전체를 굳이 팔로우 스루 쪽으로 이동시킨 이 드릴에서의 스윙 방식은 평소에 많은 분들이 자주 보았을 것이다. 프로야구 중계 등을 보면 타석을 향하기 전에 선수들이 실시하는 맨손 스윙이나 헤드가 내려가 파울을 친 직후의 선수가 타석을 벗어나 실시하는 맨손 스윙 등에서 대부분의 선수들은 스트라이크 존을 향하여 스윙을 하는 것이 아니라 〈사진 4-15〉처럼 자신의 신체를 향하여 날아오는 공에 대해 휘두르는 듯한 스윙을 한다. 이런 스윙을 하는 이유는 배트가 최단거리로 공을 향할 수 있도록, 또는 헤드를 내리지 않고 스윙을 할 수 있도록 습관을 들이기 위해서다. 그리고 이런 스윙에서는 상체 회전동작과의 연동으로 보텀 핸드가 주체를 이루어 배트를 이끌어낸다.

　여기에서 착안해야 할 점은 이런 스윙은 〈사진 4-12~4-15〉의 스윙처럼 위에서 아래로 향하는 이른바 '다운 스윙'이 되어 있다는 것이다.

　'다운 스윙'이라고 하면 "위에서 아래로 친다", "땅볼을 치는 듯한 스윙이다"라는 이미지를 떠올리기 쉽지만, 본래는 정확하게 공을 포착하기 위해 그 필요성이 전해져 내려온 스윙이기 때문에 단순히 '위에서 아래로 치는 스윙'은 아니다. 진정한 의미는 상체 회전동작과의 연동으로 보텀 핸드가 주체를 이루는 스윙을 실시, 이른바 '최단거리'로 배트가

사진 4-15 '다운 스윙'은 보텀 핸드가 주체가 되어 배트를 이끌어내는 효과적인 신체 사용 방법을 습관화하는 수단

공을 향하게 하는 것이다. 그 전형적인 스윙 궤도는 '톱'에서의 그립이나 배트의 높이에서 그보다 낮은 스트라이크 존의 높이를 향하여 헤드를 내리거나 멀리 돌아가지 않도록 배트를 내미는 것이니까 그것이 임팩트 전후에 레벨 스윙이 되더라도 스윙을 시작할 때부터의 전체적인 흐름을 보면 자연스럽게 위에서 아래로 향하는 스윙이 되는 것이다. 즉 '다운 스윙'이란 상체 회전동작과의 연동으로 보텀 핸드가 주체를 이루는 스윙을 실시한 결과로 얻을 수 있는 '최단거리'의 깔끔한 스윙을 가리키는 말로 보텀 핸드가 주체를 이루는 스윙을 할 수 있는 것이며, 정확성이 높은 타격을 하는 선수들이 맨손 스윙 등을 할 때 위에서 아래로 향하는 스윙을 하고 있다는 데에서 '다운 스윙'이라고 표현되어 널리 퍼지게 된 것이라는 생각이 든다.

'다운 스윙'은 실제 타격에서 그렇게 휘두른다기보다 실제 타격을 할 때 중요한, 상체의 회전동작과 연동한 보텀 핸드가 주체를 이루는 스윙에서 배트가 군더더기 없이 재빨리 공을 향하도록 하는 효과적인 신체 사용 방법을 습관화한다는 의미가 강하다. 그리고 그 신체 사용 방법의 본질적인 부분은 임팩트에서 그립보다 헤드가 낮은 상태가 되는 낮은 공에 대해서도 마찬가지다.

그와 반대 경우인 '어퍼 스윙upper swing'의 진정한 의미는 임팩트에서 그립보다 헤드가 낮은 스윙이 아니라 톱 핸드가 주체를 이루는 신체 사용 방법에 의해 배트가 공을 향하는 말끔한 스윙 플레인보다 아래쪽에서 나오는 스윙을 가리킨다.

3. '세로 스윙' 드릴

1. '세로 스윙'의 의미

'세로 스윙' 드릴은 '좌우 대칭 스윙' 드릴을 실시했는데도 보텀 핸드 쪽 어깨의 리드를 좀처럼 이끌어내지 못하는 선수에 대해서 흔히 이용하고 있는 드릴이다. '좌우 대칭 스윙'을 실시하는 것과 본질은 같지만 보텀 핸드가 작용하기 쉬운 스윙 방법을 보다 극단적으로 실시하게 하여 강제적으로 보텀 핸드 쪽 어깨의 리드를 이끌어내는 드릴이다.

STEP 1 한 손으로 실시하는 '세로 스윙'

우선 내딛는 다리에 거의 모든 체중을 싣고 축각은 발끝을 지면에 가볍게 대는 정도의 자세로 서서, 보텀 핸드로 배트를 잡고 어깨에 올려놓은 다음 그 손등을 반대 쪽 귀 위쪽에 붙인다(사진 4-16, 4-17). 이 자세는 지금까지의 드릴에서 이용해온 '기본자세'에서 내딛는 다리의 발끝을 정면 방향으로 향한 것이다. 배트는 한 손으로 충분히 강하게 휘

사진 4-16 준비자세를 만들기 전의 기본이 되
는 자세

사진 4-17 보텀 핸드의 손등은 반대쪽 귀 위쪽
에 붙인다

두를 수 있는 가벼운 것을 사용한다. 만약 한 손으로 강하게 휘두를 수
있는 가벼운 배트가 없으면 막대 모양의 물건을 사용하면 된다.

이어서 보텀 핸드의 앞 팔에서부터 배트에 걸친 라인이 앞에서 볼 때
거의 수직이 되도록 보텀 핸드 쪽으로 상체를 기울인다. 이것이 세로로
배트를 휘두르는 이 드릴의 준비자세다(사진 4-18 A). 이 자세가 올바르
게 갖추어졌다면 보텀 핸드의 팔꿈치가 입 앞으로 올 것이다.

이 자세에서 보텀 핸드를 가볍게 들어 올리는 테이크 백을 실시, 어
깨를 스트레치 시키고(사진 4-18 B), 그 어깨의 리드로 스윙을 시작한다
(사진 4-18 C~D). 스윙은 내딛는 다리 바로 옆에서 보텀 핸드부터 배트
를 직선으로 뻗고(사진 4-18 E), 그대로 뒤쪽을 향하여 단번에 크게 휘두
른다(사진 4-18 G).

내가 이 스윙을 시킬 때에는 "내딛는 다리의 바로 바깥쪽에 놓여 있

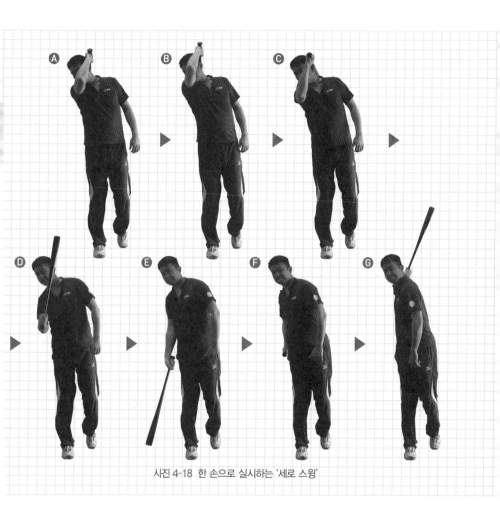

사진 4-18 한 손으로 실시하는 '세로 스윙'

는 비치볼을 뒤쪽으로 30m 날린다는 생각으로 스윙을 하라"고 말한다.

그 정도로 바로 뒤쪽을 향하도록 세로로 강하고 크게 휘둘러야 하는 것

이다.

〈사진 4-19, 4-20〉은 이 한 손 스윙에서 흔히 볼 수 있는 나쁜 동작

의 예다.

사진 4-19 손목의 움직임만으로 스윙을 하고 있다

사진 4-20 상체를 앞으로 숙이면서 스윙을 하고 있다

〈사진 4-19〉는 보텀 핸드의 어깨로 리드하는 능력이 충분하지 않기 때문에 손목의 움직임만으로 스윙을 하고 있는 동작이다. 손목이 빨리 젖혀져 스윙 전체의 호弧가 작아지는데, 특히 팔로우 스루가 작아진다.

타격을 지도할 때에는 흔히 "팔로우 스루를 크게 하라"고 말하는데, 이런 지적을 듣는 선수의 팔로우 스루가 작은 이유는 지금 소개한 한 손 스윙의 예와 마찬가지로 보텀 핸드 쪽 어깨의 리드가 충분하지 못하고 상체의 회전도 부족하기 때문에 그립의 위치 이동이 빨리 멈춘다는 것과, 톱 핸드 주체로 스윙이 이루어지고 있다는 것 때문에 손목이 빨리 젖혀진다는 것에 원인이 있다. 그렇기 때문에 그런 선수에게 아무리 "팔로우를 좀 더 크게!"라고 말해도 근본적인 원인이 해결되지 않으면 아무런 의미가 없다. 따라서 보텀 핸드 쪽 어깨의 리드로 배트를 이끌어내는 연습부터 시켜야 한다.

〈사진 4-20〉도 보텀 핸드 쪽 견갑골의 움직임이 나빠서 그 리드가 충분히 이루어지지 않기 때문에 상체를 앞쪽으로 숙이는 방법으로 스윙의 계기를 만들고 있는 경우다. 〈사진 4-19〉와 비교하면 팔보다는 체간의 움직임을 이용해서 스윙을 하고 있지만 보텀 핸드 쪽 어깨의 리드가 충분히 이루어지지 않고 있다는 점은 다르지 않으며, 양손으로 스윙을 하게 되면 톱 핸드 주체의 스윙이 되기 쉽다는 점도 마찬가지다.

STEP 2 양손으로 실시하는 '세로 스윙'

한 손으로 실시하는 '세로 스윙'을 올바르게 실시할 수 있게 되었으면 다음에는 그와 똑같은 스윙을 양손으로 실시한다(사진 4-21).

준비자세나 보텀 핸드에서부터 배트에 걸친 라인 등은 한 손으로 실시하는 경우와 마찬가지이며, 거기에 톱 핸드를 첨가한 것뿐이다. 이 일련의 '세로 스윙' 드릴은 톱 핸드가 우위를 차지하기 쉬운 선수를 대상으로 보텀 핸드 주체의 스윙을 강제적으로 체험하게 하는 것이 목적

사진 4-21 양손으로 실시하는 '세로 스윙'

이기 때문에 준비단계에서는 배트를 양손으로 잡고 있어도 팔이 뻗는 지점에서 톱 핸드는 떼도록 한다.

〈사진 4-22〉는 양손으로 실시하는 '세로 스윙'에서 흔히 볼 수 있는 나쁜 동작의 전형적인 예다.

한 손에서 양손이 된 순간 톱 핸드 중심으로 배트를 움직이게 되어

사진 4-22 톱 핸드가 강하게 리드하고 있다

사진 4-23 톱 핸드 쪽 팔꿈치를 벌리고 있다

사진 4-24 팔꿈치를 붙이고 그립을 잡고 있다

사진 4-25 중립적인 상태로 잡고 있다

손목이 일찍 젖혀지고 있으며, 끝까지 양손으로 배트를 잡고 있다. 이런 현상을 보이는 선수는 단순히 톱 핸드를 뗀다는 사실을 잊어버린 것이 아니라 지금까지 톱 핸드를 스윙 동작의 주인공으로 활용해 왔기 때문에 그 주인공인 팔을 쉽게 떼지 못하는 것이다.

이 외에도 톱 핸드 주체의 스윙이 되어버리는 선수들에게 흔히 발생할 수 있는 특징 중의 하나로 준비단계에서 톱 핸드의 팔꿈치를 벌리는 경우가 있다(사진 4-23).

이 자세 자체가 스윙을 시작한 이후부터 톱 핸드를 강하게 작용시키겠다는 무의식적인 표현이기도 하지만, 견갑골이 외전外轉(어깨를 앞으로 오므릴 때의 견갑골의 움직임) 상태가 아니라 내전內轉(견갑골을 등뼈로 끌어당긴 상태) 상태인 경우에도 팔꿈치는 벌어지기 쉽다. 이 경우에도 보텀 핸드 쪽 견갑골의 움직임이 나빠 톱 핸드 주체의 스윙이 되기 쉽다는 점에서는 마찬가지다.

그래서 팔꿈치를 붙이거나(사진 4-24) 중립적인 상태로 잡는다고 해도(사진 4-25) 팔꿈치를 붙이면 톱 핸드의 라인이 스윙을 하고 싶은 스윙 궤도 라인 쪽으로 다가가게 되어 역시 톱 핸드 주체로 스윙을 하는 습관은 해소되기 어렵다.

STEP 3 체중 이동을 하면서 '세로 스윙'

지금까지는 체중을 처음부터 내딛는 다리에 싣고 있었지만, 이번에는 두 다리에 체중을 분산시켜 실은 상태에서 앞으로 이동하면서 그 움직임에 맞추어 커다란 테이크 백을 하는 동작을 첨가한다.

STEP ②에서의 준비자세에서 발끝만 닿아 있던 축각의 발뒤꿈치를 발바닥 전체가 지면에 닿도록 하고 배트를 어깨에 올린 채 그립을 명치까지 내린 자세가 시작 자세다(사진 4-26 A).

다음에 노 스텝으로 앞으로 나가 있는 내딛는 다리 쪽으로 중심을 옮

기면서 배트를 어깨에 걸친 채 그립을 옆머리로 들어 올리고 STEP ②
에서의 스윙 시작과 같은 자세로 이행(사진 4-26 A~C), 이후에는 지금까
지와 마찬가지로 스윙을 실시한다(사진 4-26 C~G).

이것으로 세로 스윙에 대한 설명을 끝낸다. 이처럼 극단적으로 세로
스윙을 하는 이유는 스윙을 시작하면서부터 배트가 가장 빠른 팔로우
스루 방향으로 향하는 이 스윙이, 헤드가 내려가는 스윙이나 멀리 돌
아가는 스윙을 낳는 톱 핸드 주체의 스윙과 신체 사용 방법이라는 측면
에서 완전히 대치되어 가장 보텀 핸드로 리드하기 쉬운 동작이기 때문
이다.

물론 실제 상황에서 이런 식으로 공을 치지는 않는다. 그러나 공을
끝까지 보면서 적절한 포인트에서 임팩트에 맞는 스윙을 하기 위해 군
더더기 없이 보다 빠르게 배트를 앞으로 내밀어야 한다는 점에서는 많
은 도움이 되는 연습이며, 그 능력을 배양하기 위해 가장 극단적으로
보텀 핸드 쪽 어깨의 리드가 작용하는 이 스윙을 연습하는 것이다.

STEP 4 '비스듬한 스윙'

STEP ③의 시작 자세에서 축족의 방향만을 투수 방향에 대해 직각
으로 향한다. 이렇게 하면 내딛는 다리는 투수 방향으로 향하고 있기
때문에 골반과 상체의 방향은 투수에 대해 45도 열린 각도가 된다(사진
4-27 A).

다음에 STEP ③과 마찬가지로 내딛는 다리로 중심을 실으면서 그

사진 4-26 체중 이동을 하면서 '세로 스윙'

사진 4-27 '비스듬한 스윙'

립을 옆머리로 들어 올리면(사진 4-27 A~C) 보텀 핸드 쪽 어깨에서부터 팔, 배트에 걸친 라인은 팔로우 스루 쪽으로 비스듬히 내려가는 스윙 플레인에 맞는 각도가 된다(사진 4-27 C). 그리고 스윙을 시작한 이후부터 보텀 핸드 쪽 어깨가 스윙을 리드하면 두 어깨는 반드시 수평으로 교체되고, 배트는 그 보텀 핸드의 라인을 따라 이끌려 나오면서 커다란 팔로우로 이어진다(사진 4-27 C~G).

STEP ③까지의 세로 방향의 스윙을 할 때에는 '내딛는 다리의 바깥쪽에 놓여 있는 비치볼을 바로 뒤쪽으로 친다'는 이미지를 그리라고 설명했는데, 이 비스듬한 스윙도 그런 식으로 설명을 한다면 "비치볼은 45도 정도 비스듬히 팔로우 스루 쪽 허리 근처 높이에 있다"가 된다.

여기에서도 보텀 핸드 쪽 어깨의 리드 능력을 개발하기 위해 스트라이크 존은 완전히 무시하고 팔로우 스루 쪽 중심으로 스윙을 한다. 이런 스윙을 말로 표현한다면 "지면과 평행한 면에 자신을 중심으로 한 시계가 있다고 가정하고 투수 방향을 12시라고 생각, 왼손 타자라면 오른쪽을, 오른손 타자라면 왼쪽을 쳐라"가 된다. 둘 다 두 어깨를 확실하게 교체하여 6시 지점까지 스윙을 하도록 한다(사진 4-27 G).

〈사진 4-28〉은 이 '비스듬한 스윙'에서 흔히 볼 수 있는 잘못된 동작의 예로, 톱 핸드 주체로 스윙을 실시하는 경우에 발생하는 동작이다.

그립을 들어 올린 테이크 백의 '톱'까지는 〈사진 4-27〉과 〈사진 4-28〉 사이에 차이는 없다. 그러나 거기에서부터 배트를 끌어내릴 때 보텀 핸드 쪽 어깨가 리드하지 않고 톱 핸드 쪽 움직임으로 배트를 내밀 수밖에 없으면 톱 핸드 쪽 어깨와 팔이 동조하기 쉬운 위치까지 그립을

사진 4-28 톱 핸드가 주체가 되어 스윙을 하면 팔로우 스루 쪽으로 올라가는 스윙이 된다

내린 뒤에야 스윙이 시작된다(사진 4-28 B~E).

이 '비스듬한 스윙'은 보텀 핸드 쪽 어깨가 리드하는 작용을 기억하도록 하기 위한 것이니까 스윙을 시작한 직후부터 팔로우 스루 방향으로 배트를 진행시키지 않으면 의미가 없다. 그렇기 때문에 그 스윙을 준비하기 위해 일부러 그립보다 헤드를 내린 극단적인 '톱'을 만들고 있는 것이다. 그럼에도 불구하고 톱 핸드 주체로 스윙이 이루어지면 톱 핸드 쪽 어깨가 내려가고(선수에 따라서는 보텀 핸드 쪽 어깨가 올라가는 현상도 나타난다), 팔로우 스루 쪽으로 올라가는 스윙을 할 수밖에 없다(사진 4-28 B~G).

STEP 5 스텝을 내딛으면서 '비스듬한 스윙'

STEP ④의 스윙을 올바르게 할 수 있게 되면, 이번에는 앞으로 나가 있던 내딛는 다리를 축각으로 당겨 〈사진 4-29, 4-30〉처럼 발뒤꿈치끼리 붙이고 자세를 잡는다. 이어서 한 걸음 앞으로 내딛는 움직임에 맞추어 STEP ④와 마찬가지 테이크 백을 실시(사진 4-30 A~C), 이후의 스윙도 STEP ④와 똑같이 갑자기 정면으로 배트를 휘두르기 시작하여 팔로우 스루 쪽 중심으로 스윙을 한다(사진 4-30 C~G). 스윙을 할 때에는 반드시 내딛는 다리로 체중을 옮긴다.

사진 4-29 두 발의 발뒤꿈치를 붙인다

사진 4-30 스텝을 내딛으면서 '비스듬한 스윙'

STEP 6 · 옆 방향으로부터의 '비스듬한 스윙'

STEP ⑤의 한 걸음 내딛으면서 스윙을 할 수 있게 되었으면, 투수 방향을 향하고 있던 내딛는 다리의 발끝을 일반적인 자세와 마찬가지로 잡고 어깨 넓이 정도의 스탠스로 준비를 한다(사진 4-31 A). 이후에는

사진 4-31 옆 방향으로부터의 '비스듬한 스윙'

STEP ⑤와 마찬가지로 스윙을 하면 된다. 여기에서는 아직 다리를 끌어당기거나 올리는 동작은 하지 말고 단지 한 걸음 내딛는 움직임에 맞추어 지금까지와 마찬가지로 테이크 백에 이은 스윙을 한다(사진 4-31).

STEP ⑥까지 충분히 할 수 있게 되었다면 보텀 핸드 쪽 어깨로 스윙을 리드하는 능력은 상당히 개선되었을 것이다. 이제 그 스윙을 스트라이크 존을 향하여 실시할 수 있도록, 또 모든 높이의 공을 향하여 보텀 핸드로 리드할 수 있도록 이행해야 할 필요가 있다. 여기에서는 어디까지나 그런 스윙을 하기 위한 한 가지 예를 소개하기로 한다.

지금까지와 마찬가지로 배트를 어깨에 짊어진 자세에서(사진 4-32) 톱 핸드 쪽 팔꿈치를 등 쪽으로 당기듯 그립을 내렸다가(사진 4-33), 보텀 핸드를 옆으로 뻗듯 그립을 올린 다음(사진 4-34), 다시 STEP ⑥까지의 테이크 백에서 실시했던 옆머리 부근으로 그립을 붙였다가(사진 4-35), 처음의 위치로 돌아온다.

이 네 가지 지점을 확인했으면 각 지점을 그립이 매끄럽게 이동할 수 있도록 배트를 어깨에 짊어진 채 보텀 핸드의 리드로 그립을 돌린다(사

| 사진 4-32 | 사진 4-33 | 사진 4-34 | 사진 4-35 |

'8자 모양의 테이크 백'으로 그립을 통과시키는 네 군데의 지점

진 4-36). 이 그립 이동은 숫자 '8'을 옆으로 쓰러뜨린 '∞' 모양을 머릿속에 그리고 중심점을 시작 지점으로 생각, 그립으로 한쪽 원의 궤적을 그린다는 느낌으로 실시한다.

그립이 제대로 이동한다는 것을 확인했으면 이 움직임을 테이크 백으로 삼고 STEP ⑥과 마찬가지로 스윙을 실시한다(사진 4-37, 4-38). 테이크 백에서 그립은 옆머리 부근으로 올라가기 때문에 STEP ⑥과 완전히 똑같은 스윙을 할 수 있을 것이다.

STEP ⑥과 같은 스윙을 할 수 있으면 '∞'의 궤적의 세로 폭을 줄인다는 이미지를 그리고 테이크 백의 상하 움직임을 줄여 스윙을 하는데, 높은 공에 대한 레벨 스윙을 하듯 배트가 수평이 되는 지점에서 그립을 올리는 동작을 멈추고 거기에서부터 레벨 스윙을 실시한다(사진 4-39, 4-40). 이후에는 홈플레이트 위를 통과하는 높이의 공을 이미지하고 보

사진 4-36 '8자 모양의 테이크 백'에서의 팔의 움직임

사진 4-37 '8자 모양의 테이크 백'에서의 '비스듬한 스윙'(정면)

사진 4-38 '8자 모양의 테이크 백'에서의 '비스듬한 스윙'(비스듬히 정면)

사진 4-39 상하의 움직임을 줄인 '8자 모양의 테이크 백'에서의 레벨 스윙(정면)

사진 4-40 상하의 움직임을 줄인 '8자 모양의 테이크 백'에서의 레벨 스윙(비스듬히 정면)

팀 핸드의 리드를 충분히 살린 스윙을 할 수 있도록 연습한다.

만약 레벨 스윙에 신경을 쓰는 순간 보텀 핸드의 리드가 나빠진다면 테이크 백을 배트가 수평이 되는 지점에서 멈추지 말고 헤드가 등 쪽으로 약간 내려가는 위치까지 그립을 올린 뒤에 스윙을 시작해보도록 한다.

STEP 8 티 배팅

STEP ⑦의 스윙에서 보텀 핸드의 리드로 홈플레이트 위로 스윙을 할 수 있게 되었으면, 실제로 공을 치는 경우에도 보텀 핸드가 주체를 이루는 스윙을 할 수 있도록 티 배팅이나 토스 배팅을 실시해본다.

이때 중요한 것은 지금까지 만들어온 동작 그대로 타격을 해야 한다는 것이다. 다리의 움직임이나 팔의 움직임도 전혀 바꾸지 않는다. 그리고 지금까지 줄곧 높은 공(볼에 해당하는)을 향해 스윙을 하는 동작을 만들어왔으니까 일단 티 업이나 토스 업의 높이를 높게 설정한다. 또 체중을 내딛는 다리로 옮기는 움직임도 중요하기 때문에 스텝을 충분히 내디딜 수 있는 거리를 잡는다. 보텀 핸드 주체의 스윙 동작으로 높은 공을 칠 수 있게 되었으면 다음에는 한가운데의 공이나 낮은 공도 섞어본다.

이런 식으로 높이의 변화를 혼합해서 스윙을 할 수 있게 되면 '∞'의 궤적으로 테이크 백을 하는 의미를 이해할 수 있을 것이다. 높은 공에 대해서는 지금까지와 같지만(사진 4-41), 낮은 공이 될수록 그립을 내린

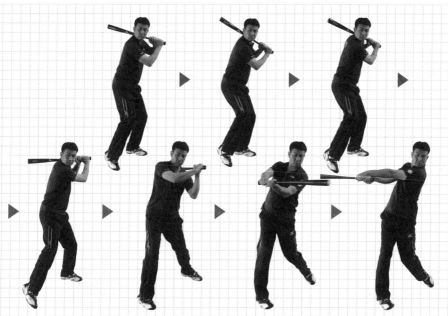

사진 4-41 상하의 움직임을 줄인 '8자 모양의 테이크 백'에서의 높은 공에 대한 스윙

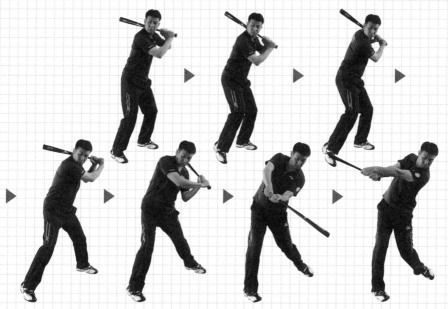

사진 4-42 상하의 움직임을 줄인 '8자 모양의 테이크 백'에서의 낮은 공에 대한 스윙

지점에서 굳이 올리지 않고 그대로 그립을 당겨 '톱'에서의 보텀 핸드에서부터 배트에 걸친 라인의 각도를 낮은 공을 향하는 스윙 플레인에 맞추어 스윙을 하게 된다(사진 4-42).

그리고 이렇게 실제로 공을 타격하는 과정에서 점차 중심을 가라앉히고 발을 미끄러뜨리거나 '외다리' 등을 이용하여 리듬을 잡는 동작을 첨가하거나 배트를 어깨에서 띄우는 등 다양한 자세로도 보텀 핸드 주체의 스윙을 할 수 있도록 연습한다. 이 중에서 배트를 어깨에서 띄우는 단계에서는 처음에는 배트를 눕힌 채 어깨에서 띄우는 쪽이 지금까지 연습해 온 동작이 무너질 위험성이 적다. 그대로 프리 배팅까지 이행해서 보텀 핸드 주체로 스윙을 할 수 있게 된 이후에 본인에게 가장 편안한 자세를 선택해도 늦지 않다.

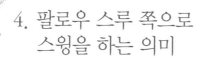

4. 팔로우 스루 쪽으로
스윙을 하는 의미

야구 지도자강습회에서 이 '세로 스윙' 드릴을 소개했을 때 지도자 한 분이 다음과 같은 질문을 던졌다.

"신입부원의 맨손 스윙을 보면 대부분의 선수들이 스트라이크 존이 아니라 자신의 신체 정면(투수 쪽) 근처를 휘두르고 있어서 '좀 더 스트라이크 존을 노려라'라고 지도했는데 그건 잘못된 것입니까?"

이 지도자의 충고는 결코 잘못된 것이 아니다. 다만 내가 동작 개선을 위해 실시하고 있는 스윙과 그 신입부원들이 했던 스윙은 똑같이 '신체의 정면을 휘두르는 스윙'이라고 해도 신체 사용 방법의 내용이 근본적으로 다르다는 것이 문제다.

〈사진 4-43, 4-44〉는 둘 다 신체의 정면을 휘두르는 스윙이지만 한 눈에도 어느 쪽이 좋은 스윙인지 즉시 알아볼 수 있을 것이다.

〈사진 4-43〉은 아마 그 신입부원들이 실시했을 것이라고 여겨지는 스윙이다. 스윙을 시작한 이후에 톱 핸드 주체로 헤드를 멀리 돌아 내보내면서 공에 대해 옆에서(바깥쪽에서) 헤드를 뒤집듯 휘두르고 있다.

사진 4-43 톱 핸드가 주체인 경우 배트는 멀리 돌아 나와 3루 벤치 방향을 겨냥하는 듯한 스윙이 된다

사진 4-44 보텀 핸드가 주체인 경우 배트는 몸 가까운 지점에서 나와 헤드가 젖혀지기 전에 임팩트를 맞이한다

그리고 체중 이동이 거의 없는 상태에서 상체의 스윙 동작에 맞추어 그 자리에서 허리와 하반신의 방향을 바꾸고 있다.

거기에 비하여 〈사진 4-44〉의 스윙은 데드 볼이 될 것 같은 인코너 높은 공을 이미지하고 팔꿈치를 접거나 비트는 식의 특별한 동작 없이 두 어깨를 최대한 날카롭게 교체시키면서 한가운데의 공을 칠 때와 마찬가지로 완벽하게 공을 포착하고 있다. '톱'에서의 팔과 배트의 관계가 거의 무너지지 않는 상태에서 견갑골과 흉곽의 움직임으로 상체를 회전시키는 방식으로 배트를 앞으로 운반하는 보텀 핸드 주체의 스윙을 하고 있는 것이다. 배트는 몸 가까운 지점에서(안쪽에서) 나와 거의 정면으로 공을 포착할 수 있는 형태를 이루고 있다.

즉 똑같이 몸의 정면을 휘두르는 듯한 스윙이라고 해도 톱 핸드 주체로 스윙을 하는 것과 보텀 핸드 주체로 상체의 회전동작을 이용해서 배트를 이끌어내는 것은 공간에 대해 배트를 진행시키는 방법, 공에 대해 배트를 향하는 방법이 전혀 다르다. 〈사진 4-44〉처럼 상체의 회전동작(=보텀 핸드 쪽 어깨의 리드)으로 배트를 이끌어내서 배트를 '안쪽에서' 앞으로 진행시켜 헤드가 젖혀지기 전에 임팩트를 맞이하는 스윙의 본질적인 부분은 인코너뿐만 아니라 아웃코너를 비롯한 모든 코스, 모든 구질에 필요한 것이다. 내가 몸의 정면에서 팔로우 스루 쪽으로 휘두르라고 말하는 이유는 스트라이크 존이 문제가 아니라 정확한 타격에 필요한 스윙 동작을 갖추기 위한 신체 사용 방법의 기본을 만들기 위해서다.

〈사진 4-43〉과 〈사진 4-44〉를 비교하면 헤드가 젖혀지는 타이밍의 차이를 확연하게 알 수 있다. 〈사진 4-43〉의 동작은 극단적이기는 하지

만 상체의 회전이나 보텀 핸드의 리드가 충분하지 못한 경우에 발생하는 문제는 마찬가지다. 상체의 회전동작으로 배트를 이끌어내지 못하면 톱 핸드가 빨리 작용하기 때문에 헤드가 빨리 젖혀지고 바깥 쪽 공에 걸쳐지거나 변화구에 대응할 수 없다. 따라서 이런 공에 대응하기 위해서도 팔로우 스루 쪽으로 스윙을 하는 것이 효과적이다. 밀리기 쉽고, 걸치기 쉽고, 헤엄치듯 흔들리기 쉬운 타이밍 문제도 포함해서 타격에서 발생하는 대부분의 문제는 그 원인이 스윙 궤도를 만드는 신체 사용 방법에 있기 때문에 "변화구를 기다리지 못한다면 끌어당겨서 반대 방향으로 쳐라"라는 식의, 근본적인 원인에 대처하는 것이 아니라 부분적으로 대처하는 방식으로는 문제가 전혀 해소되지 않는다.

또 "이런 식으로 팔로우 스루 쪽으로만 스윙을 하면 빨리 열리지 않을까?" 하는 의문을 느끼는 분도 틀림없이 있을 것이다. 그러나 오히려 반대다. 견갑골이나 흉곽의 움직임이 나빠서 상체와 골반이 함께 움직이기 때문에 배트를 앞으로 내밀기 위해 온몸의 방향이 단번에 멀리 돌아 앞으로 향하는 것이다. 간단히 말하면 이것이 '열림'이며, '열리지 않는다'고 불리는 스윙을 극단적으로 표현하면 하반신, 골반, 얼굴의 방향이 모두 착지했을 때의 방향 그대로인 상태에서 내딛는 다리로 중심이동을 하는 동작만이 이루어지며 그 사이에 흉곽과 견갑골의 움직임에 의해 두 어깨가 충분히 교체되면서 배트가 앞으로 운반되는 것이다.

실제로 골반은 앞을 향하지만 그 움직임은 중심축을 중심으로 회전하는 상체의 움직임과는 다른 것이며, 스텝의 흐름을 타고 옆 방향으로 내딛는 다리 위에 체중을 싣는 약간의 움직임에서부터 시작되고 뒤쪽 허리가 그대로 직진하는 것에 의해 앞쪽으로 진행되며, 최종적으로 어디까지 향하는가 하는 것은 스윙의 방향에 따라 정해진다.

달리 표현하면 내딛는 다리의 '벽'을 유지한 상태에서 그 지탱점을 향하여 중심이동이 이루어지며, 상체는 등뼈를 중심으로 두 어깨가 교체되는 '축 회전'으로 배트가 군더더기 없이 빠르게 '안쪽에서' 앞으로 나가 공을 포착하는 것이다. 그러나 두 어깨가 충분히 교체된다고 해도 그 움직임은 흉곽과 견갑골의 움직임에 의한 것이기 때문에 얼굴의 방향은 착지했을 때와 달라지지 않으며, 골반의 움직임에 의해 멀리 돌아가는 악영향도 발생하지 않는다. 그렇기 때문에 감각적으로도, 겉으로 보기에도 '열리지 않는다'는 이미지와 합치되는 것이다.

5. '장애물 스윙'

1. '장애물 스윙'의 의미

'좌우 대칭 스윙'과 '세로 스윙' 드릴에서도 드릴의 단계가 진행되어 일반적인 스윙 각도에 가까워지면 팔로우 스루 쪽으로 올라가는 아래에서 위로의 스윙밖에 할 수 없는 선수들이 나온다. '장애물 스윙'은 그런 선수들을 대상으로 이용하는 드릴이다.

'장애물 스윙'에서 실시하는 내용을 간단히 말하면 〈사진 4-45~4-47〉처럼 인코너 높은 코스에 무엇인가 장애물을 두고 배트가 그 장애물 위를 통과하도록 스윙을 하는 것이다.

'좌우 대칭 스윙'이나 '세로 스윙' 드릴에서 팔로우 스루 쪽으로 올라가는 아래에서 위로의 스윙밖에 하지 못하는 선수는 장애물 위를 휘두르라고 해도 장애물에 부딪혀버린다. 아무리 장애물에 닿지 않도록 휘두르려 해도 앞을 향하여 올라가는 스윙 궤도밖에 나오지 않는다.

다시 말해 이 드릴에서 장애물을 두는 의미는 '좌우 대칭 스윙'이나

'세로 스윙'의 드릴을 통하여 갖춘 신체 사용 방법을 제대로 습득했는지 확인해 충분히 습득하지 못한 선수에게는 아직 제대로 습득하지 못했다는 사실을 자각하게 하고, 다른 방법으로 개선을 시도하기 위해서다.

그 때문에 이 드릴의 자리매김은 '좌우 대칭 스윙'이나 '세로 스윙'의 드릴에 이어지는 단계로서 준비하는 것이며, 보텀 핸드가 주체를 이루는 스윙의 기초가 어느 정도 만들어진 이후에 실시해야 한다.

2. 장애물 설정

장애물을 두는 위치를 설명한다. 코스는 인코너의 스트라이크 존 가득, 높이는 아래쪽은 명치 근처이며 위쪽은 가슴의 유두 근처, 전후의 위치는 확실하게 스텝을 밟았을 때 내딛는 발의 착지 지점 근처다(사진 4-48).

높이에 엄밀한 상한선과 하한선이 있는 것은 아니다. 실시하려는 스윙이 '좌우 대칭 스윙'인지 '비스듬한 스윙'('세로 스윙' 드릴의 STEP ④ 이후)인지에 따라 설정에 차이가 발생할 뿐이다. '좌우 대칭 스윙'으로 실시하는 경우에는 명치 높이에, '비스듬한 스윙'으로 실시하는 경우에는 유두 근처의 높이로 설정하는 것이 지도를 해온 경험상 적당한 높이다.

장애물로 사용하는 물건은 배트가 부딪혀도 큰 문제가 없는 것이라면 어떤 것이건 상관없다.

내가 팀을 지도하기 위해 나갔을 때에는 철제의자의 다리 두 개를 겹

사진 4-45 '비스듬한 스윙'에서의 '장애물 스윙'

사진 4-46 실제와 마찬가지로 자세를 잡고 스윙을 시작하면서 '좌우 대칭 스윙'으로 '장애물 스윙'을 실시한 경우

사진 4-47 실제와 마찬가지로 자세를 잡고 스윙을 시작하면서 '비스듬한 스윙'으로 '장애물 스윙'을 실시한 경우

쳐 쌓거나 트럭의 낡은 타이어에 커다란 원뿔 콘cone을 올려놓는 등 그 라운드에 있는 물건을 편하게 사용했다.

사진 4-48 장애물은 내딛는 다리의 착지 지점 근처에 둔다

3. '장애물 스윙'의 실제

〈사진 4-45, 4-46, 4-47〉은 모두 '장애물 스윙'인데 〈사진 4-45〉는 일련의 '세로 스윙' 드릴에 이어 '장애물 스윙'을 실시하는 경우를 가정하고 준비자세에서 '비스듬한 스윙'을 실시한 것이고, 〈사진 4-46〉은 중심을 가볍게 가라앉힌 준비자세나 축각에 일단 체중을 싣는 움직임도 포함하여 실제 타격동작과 마찬가지 동작에서부터 '좌우 대칭 스윙'을 실시한 것이며, 〈사진 4-47〉은 〈사진 4-46〉과 마찬가지 동작에서부터 '비스듬한 스윙'을 실시한 것이다.

어떤 사진을 보아도 "이런 장소에 장애물이 있으면 방해가 되어서 칠 수 없다"고 여겨지는 위치에 장애물이 있다는 사실을 알 수 있다. 그러나 장애물이 있건 없건 스윙을 하고 싶은 대로 배트를 내밀 수 있어야 하기 때문에 정말로 이 장애물이 방해가 되어 칠 수 없는가, 장애물이 있어도 그 위를 지나는 지점을 생각한 대로 배트를 휘두를 수 있는가 하는 문제는 신체 사용 방법에 따라 달라진다.

〈사진 4-45 C~E〉, 〈사진 4-46 D~F〉, 〈사진 4-47 D~G〉를 보자. 모두 보텀 핸드 쪽 어깨에서부터 팔, 배트에 걸친 라인의 각도대로 배트를 이끌어내어 장애물 위를 통과시키고 있다. 지금까지 몇 번이나 반복했듯 이것이 헤드가 내려가는 현상이나 멀리 돌아가는 현상, 빨리 젖혀지는 현상 등을 일으키지 않고 자신이 휘두르고 싶다고 생각한 방향으로 군더더기 없이 빠르고 정확하게 배트를 내미는 '최단거리' 스윙을 실현하는 방법이다.

즉 지금부터 배트를 휘두르려 하는 테이크 백의 톱 시점이나 늦어도 스윙을 시작한 첫 움직임에서 보텀 핸드에서부터 배트에 걸친 라인의 각도를 스윙을 하고 싶은 스윙 궤도로 향할 수 있는가 하는 것이 생각한 궤도대로 스윙을 할 수 있는가를 결정하는 중요한 포인트이며, 그 라인이 만들어졌다면 나머지는 보텀 핸드 쪽 어깨의 리드(상체의 회전)로 팔이나 배트를 그 라인대로 이끌어낼 수만 있으면 장애물이 명치 근처의 높이이건 눈 근처의 높이이건 아무런 관계없이 배트는 반드시 보텀 핸드의 라인대로만 휘둘려진다. 이 신체 사용 방법을 마스터하면 〈사진 4-47〉처럼 장애물을 보지 않아도 배트가 장애물에 닿는 일은 발생하지 않는다. 손이 미치는 범위라면 어디건 생각한 대로 배트를 내보낼 수 있는 것이다.

이처럼 '장애물 스윙'은 스윙을 해야 할 궤도를 장애물이 없는 상태에서 스윙을 하는 경우보다 더 구체적으로 설정할 수 있기 때문에 보텀 핸드가 주체를 이루는 신체 사용 방법을 제대로 습득했는지 확인하면서 개선을 해나가는 데에 매우 효과적인 연습 방법이다.

번트는 헤드를 세우지 말아야 한다!

번트의 준비자세를 잡는 기본사항으로서 흔히 들을 수 있는 말로 〈사진 4-C〉처럼 그립보다 헤드 쪽을 높여 "헤드를 세우고 대비한다"는 말이 있다. 정말 이것이 기본일까.

애당초 왜 '헤드를 세운다'고 말하는 것일까. 그 이유는 헤드가 내려가면 플라이가 되기 쉽고, 헤드를 세우면 그라운드볼이 되기 쉽다고 생각하기 때문이다. 그러나 이것은 이론적으로 맞지 않는다. 배트에 닿는 부분은 곡면이고 그 중에서 어느 한 점에 공이 부딪히는 것이니까 배트 아래에 부딪힐 확률과 위에 부딪힐 확률은 헤드를 세우건 내리건 수평이건 아무런 관계가 없기 때문이다.

스윙을 할 때 헤드가 내려가면 플라이가 되기 쉬운 이유는 헤드가 내려가 있었기 때문이 아니다. 실제로 스트라이크 존의 공을 치는 경우에는 그립보다 헤드의 위치가 아래에 있는 경우가 대부분이며, 낮은 공인 경우에는 그라운드볼이 증가한다. 공이 낮으면 배트 아래쪽에 부딪히기 쉽기 때문에 당연한 현상이다. 플라이가 되기 쉬운 이유는 헤드가 내려가 있어서가 아니라 공에 대해 배트가 아래쪽에서 나가기 때문이다. 아래쪽에서 위쪽을 향하여 치니까 높은 공은 당연히 플라이가 되기 쉽다.

즉 헤드가 내려가는 현상을 초래하는 신체 사용 방법은 자신이 휘두르려고 생각한 지점

사진 4-C 헤드를 세운 번트 자세   사진 4-D 배트가 수평인 번트 자세   사진 4-E 배트를 수평으로 잡은
1루 쪽으로의 번트

보다 배트가 아래에서 나온다는 데에 진정한 원인이 있는 것이며, 스윙을 하지 않는 번트인 경우에 "헤드가 내려가면 플라이가 되기 쉽다"는 이론은 맞지 않는다.

이상의 사항은 번트를 할 때 헤드를 세우는 것은 별 의미가 없다는 이야기이지만, 사실 헤드를 세우고 자세를 잡는 행위는 정확한 번트를 하는 데에 분명히 마이너스적인 작용을 한다. 만약 내가 번트를 지도한다면 〈사진 4–D〉처럼 배트의 각도를 완전히 수평으로 잡도록 할 것이다. 그 이유는 다음과 같다.

우선 번트를 할 때 자신이 공을 포착하겠다고 생각하는 배트의 포인트에서 공이 벗어날 가능성은 상하좌우 마찬가지 확률로 존재한다는 사실을 기억해두자.

기본적으로 공이 부딪히는 지점이 위쪽일수록 플라이가 되고 아래쪽일수록 그라운드볼이 된다는 사실은 누구나 알고 있겠지만, 그 확률은 헤드를 세우건 수평으로 잡건 마찬가지다.

다만 타구의 방향성(코스)에는 양쪽에 차이가 있다. 배트를 수평으로 잡고 있으면 공이 부딪히는 지점이 좌우 어느 쪽으로 어긋나도 타구가 굴러가는 방향에 차이가 없다. 공이 부딪히는 지점을 항상 핀 포인트로 정확하게 포착하기는 어렵다고 해도 공의 반사각을 생각하고 내보내고 싶은 방향으로 배트의 면을 향하는 것은 어렵지 않을 것이다. 〈사진 4–E, 4–F〉는 배트를 수평으로 잡은 번트 자세로 각각 타구의 방향을 1루 쪽으로 굴리는 경우와 3루 쪽으로 굴리는 경우다.

여기에 비하여 헤드를 세우고 자세를 잡으면 그 세운 각도가 클수록 공이 부딪히는 지점의 좌우 차이는 타구의 방향 차이와 연결된다.

사진 4-F 배트를 수평으로 잡은 3루 쪽으로의 번트　사진 4-G　헤드를 세울수록 공이 부딪히는 지점의 좌우 차이는 타구 방향에 직접적인 영향을 끼친다

예를 들어 〈사진 4-G〉처럼 완전히 배트를 세로로 세웠을 때를 생각하면 이해하기 쉬울 것이다. 공이 부딪히는 지점이 조금이라도 옆으로 어긋나면 타구는 좌우 어느 한쪽으로 굴러간다. 이것은 〈사진 4-C〉와 같은 준비자세에서도 정도의 차이가 있을 뿐 마찬가지다.

따라서 헤드를 세우고 번트를 대면 배트의 면의 방향뿐만 아니라 공이 원하는 지점에서 벗어나 부딪히는 좌우의 지점까지도 타구 방향에 영향을 끼친다. 그 때문에 헤드를 세우고 자세를 잡을수록 공을 원하는 방향으로 보내기는 어렵다.

즉 번트에서 중요한 '원하는 방향으로 타구를 보낸다'는 목적을 생각할 때 '배트를 수평으로 잡는다'는 것은 그 확률을 가장 높일 수 있는 효과적인 수단이며, 이것이야말로 번트의 기본사항 중의 하나다.

제**5**장

골반 회전동작 개선 드릴

• • •

"골반 회전의 지탱점을 내딛는 다리로 옮길 수 없다", "아무리 노력해도 골반이 멀리 돌아 회전한다"고 말하는 선수들이 많이 있다. 여기에서는 그런 선수들을 개선하는 데에 이용하고 있는, 하반신 동작을 만들기 위해 특화시킨 드릴을 소개하기로 한다.

1. '박스BOX 스윙'

이것은 내딛는 다리를 지탱점으로 삼아 골반의 회전동작을 실시하는 감각을 배양하기 위한 드릴이다.

〈사진 5-1〉처럼 축각을 받침대 위에 올려놓고 맨손 스윙, 티 배팅,

사진 5-1 '박스 스윙'

토스 배팅을 실시하는데 의식하지 않더라도 내딛는 다리로 자연스럽게 체중이 실리는 상황을 만들기 때문에 내딛는 다리를 지탱점으로 골반을 회전시키는 감각을 느낄 수 있다.

그런 의미에서는 내리막 언덕을 향하고 서서 스윙을 해도 같은 효과를 얻을 수는 있다. 다른 점은 내리막 언덕 스윙에서는 일반적인 스텝에서의 동작도 함께 실시해서 착지한 순간에 축각에서 내딛는 다리 쪽으로 체중을 옮겨가는 동작도 포함이 되지만, '박스 스윙'은 기본적으로 노 스텝으로 실시해 내딛는 다리가 체중을 지탱하는 상태를 보다 확실하게 만든 이후에 스윙을 실시한다는 것이다. 그렇기 때문에 축각에 체중을 실은 〈사진 5-1 A〉의 자세에서는 스윙은 하지 않고 〈사진 5-1 B〉처럼 체중을 앞으로 진행시키면서 테이크 백을 실시한 이후에 스윙을

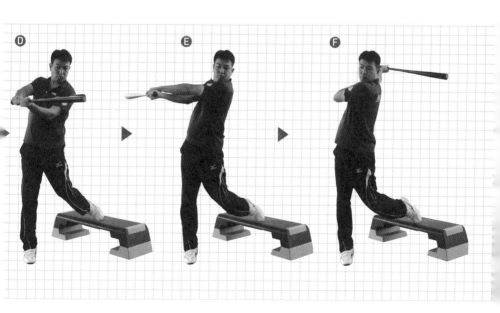

시작한다.

〈사진 5-1〉의 A에서 B로의 이행 동작은 '톱'에서의 체간의 '비틀림'이 만들어지는 움직임을 기억하는 데에 매우 효과적이다. 따라서 내딛는 발의 방향은 투수 방향에 대해 옆 방향이 아니라 충분히 '비틀림'이 만들어져 있는 경우의 실제 착지자세와 마찬가지로 발끝을 약간 벌려둔다.

지금까지 내가 지도를 할 때 사용한 받침대의 높이는 높은 것이 40cm, 낮은 것이 15cm다. 선수의 키에 따라 적절한 높이가 달라지지만, 굳이 의식하지 않고 스윙을 해도 내딛는 다리 쪽으로 자연스럽게 체중이 옮겨지고 그 내딛는 다리가 지탱점이 되어 골반의 회전동작이 발생하는 높이가 본인에게 적절한 높이라고 생각하자. 그런 의미에서 볼 때 초기 단계일수록 높은 받침대를 사용해야 하며, 점차 낮은 받침대로 이행해 최종적으로 받침대 없이 스윙을 할 수 있도록 진행한다.

2. 뒤쪽 허리를 직진시키는
골반 회전동작 만들기

〈사진 5-2, 5-3〉은 타격에서의 골반 회전동작을 2단계의 움직임으로 분할하여 실시한 것이다.

〈사진 5-2 A, 5-3 A〉는 두 고관절을 뒤쪽(엉덩이 방향)으로 끌어당기고 선 자세이고, 이어서 〈사진 5-2 B, 5-3 B〉에서는 골반을 거의 옆 방향으로 향한 채 내딛는 다리의 지탱점을 향하여 옆으로 미끄러뜨리는 '슬라이드 동작'만을 실시, 〈사진 5-2 C, 5-3 C〉에서 내딛는 다리의 고관절을 지탱점으로 삼아 골반의 회전동작을 실시하고 있다.

실제 타격에서의 골반 회전동작에서는 이 체조처럼 골반의 '슬라이드 동작'과 회전이 뚜렷하게 나뉘어 따로 이루어지는 것이 아니다. '슬라이드 동작'은 겉으로 보아서는 알 수 없을 정도로 이 두 가지 동작이 겹쳐진 일련의 움직임으로 이루어진다. 그 때문에 〈사진 5-2 B, 5-3 B〉의 '슬라이드 동작' 등은 실제 동작보다 극단적으로 표현되어 있다. 그러나 골반 회전동작은 팽이처럼 단순한 수평회전이 아니라 축각 고관절에서 부터 내딛는 다리의 고관절을 향한 옆으로의 이동이 이루어지면서부터

사진 5-2 두 가지 움직임으로 분할한 골반의 회전동작(옆면)

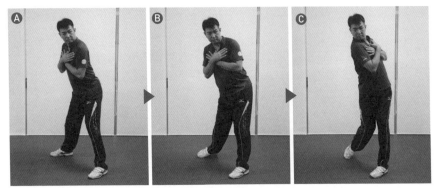

사진 5-3 두 가지 움직임으로 분할한 골반의 회전동작(비스듬히 정면)

그 흐름을 타고 회전으로 옮겨가기 때문에, 뒤쪽 허리가 직선으로 앞으로 진행할 수 있으며 회전의 지탱점을 내딛는 다리로 옮기고 회전할 수 있는 것이다. 이렇게 해서 얻을 수 있는 감각은 '벽'이라고 불리며(사진 5-3 C), 배트를 '안쪽에서 내민다'는 스윙 궤도를 실현하는 데에도 이 골반의 슬라이드 동작을 포함한 회전은 빼놓을 수 없는 중요한 동작이다.

프로 야구선수의 움직임을 보면 거의 모든 선수들의 축각 쪽 발 부분이 〈사진 5-2 B, 5-3 B〉처럼 일단 옆 방향으로 젖혀져 엄지발가락 안

사진 5-4 '슬라이드 동작'을 포함하지 않고 수평회전만을 한 경우(옆면)

사진 5-5 '슬라이드 동작'을 포함하지 않고 수평회전만을 한 경우(비스듬히 정면)

쪽으로 지면을 지탱하는 상태를 경유한다. 이것은 골반 회전동작의 시작이 옆 방향으로의 이동을 포함하여 뒤쪽 허리가 직진하고 있다는 증거다. 축족은 골반의 움직임에 이끌려 젖혀지는 것이기 때문에 그 젖혀지는 방식은 골반의 움직임을 비추는 거울이다.

골반의 '슬라이드 동작' 없이 갑자기 회전동작만 이루어진 경우의 회전 방식을 나타낸 것이 〈사진 5-4, 5-5〉다. 이 그림처럼 '슬라이드 동작'이 없으면 골반은 멀리 돌아 회전하는 수밖에 없다. 또 '슬라이드 동작'에 의해 골반이 내딛는 다리 쪽으로 진행되지 않으면 내딛는 다리의 발치에서 머리까지가 비스듬히 일직선을 이루는 '스테이 백 라인stay back line'(사진 5-2 C, 5-3 C)도 만들 수 없다.

이처럼 골반의 '슬라이드 동작'이 발생하지 않아 뒤쪽 허리가 멀리 돌아가버리는 현상이 발생하는 이유는 그 신체 사용 방법을 모르고 있기 때문이 아니라, 골반의 '슬라이드 동작'을 실시하기 위한 고관절 가동영역이 좁아서 제대로 움직이지 못하기 때문이다. 따라서 가동영역 훈련과 함께 동작 만들기를 연습해야 하는데, 그 방법을 제시한 것이 〈사진 5-6, 5-7, 5-8〉이다.

우선 무엇인가 붙잡을 수 있는 지지대를 잡고 발끝까지 발 하나 정도 떨어진 가까운 위치에 서서, 어깨 넓이보다 약간 넓은 정도의 스탠스를 잡고 엉덩이를 뒤쪽으로 당긴 다음 고관절을 접어 상체를 앞으로 기울인다(사진 5-8 A). 엉덩이는 균형을 유지할 수 있는 한계까지 최대한 끌어당기는데 그 위치를 보다 깊게 만들기 위해 상체를 앞으로 기울이는 것이다. 또 그렇게 끌어당긴 상태를 확실하게 유지하기 위해 손으로 지지대를 잡는 것이다.

그리고 허리를 좌우로 크게 이동시키는 동작을 반복한다(사진 5-6, 5-7, 5-8 각 B, C). 골반의 회전동작을 실시하기 전에 '슬라이드 동작'과 관련된 고관절 가동영역을 충분히 넓히기 위해서다. 이 슬라이드 동작에서 옆으로 이동하는 크기는 간단히 말해서 본인의 한계까지이지만 기준으로는 허리의 옆면이 이동 방향의 발보다 바깥쪽에 나올 정도까지 (사진 5-7 B, C), 그리고 반대쪽 발이 허리의 이동에 이끌려 옆 방향으로 쓰러지는 지점까지(사진 5-6, 5-8 각 B, C)가 된다.

이 중에서 '허리의 옆면이 이동 방향의 발보다 바깥쪽으로 나올 정도까지'라는 부분에 관해서 설명한다면, 실제 타격동작에서는 골반의 움직임에서 이렇게까지 '슬라이드 동작'이 이루어지지는 않는다. 다만 〈사진 5-3 C〉를 보면 왼쪽 허리의 옆면이 내딛는 다리의 발뒤꿈치보다 바깥쪽(3루 벤치 쪽)으로 나와 있는데, 이것은 실제 타격동작과 같다. 즉 '슬라이드 동작'에서는 허리의 옆면이 발 바깥쪽까지 나가지는 않더라도 회전까지 끝낸 최종자세에서는 골반이 거기까지 움직인다는 것이다.

앞에서도 설명했듯이 골반의 '슬라이드 동작'과 회전동작은 실제로는 함께 이루어지는 일련의 동작이기 때문에 '슬라이드 동작'만으로는 골반이 발의 바깥쪽까지 나가지 않더라도 회전을 끝낸 최종자세에서는 거기까지 움직이는 것이다.

이처럼 일단 허리를 좌우로 움직이는 동작을 반복해서 가동영역을 충분히 넓혔으면 다음에 회전동작을 실시한다.

내딛는 다리 쪽으로 골반을 슬라이드 시킨 자세에서 멈추고(사진 5-6, 5-7, 5-8 각 D), 하반신의 자세는 그대로 유지한 채 손을 지지대에서 떼고 상체를 일으킨 다음(사진 5-6, 5-7, 5-8 각 E), 뒤쪽 허리를 완전히 직선으로 앞으로 진행시키도록 신중하게 골반의 회전동작을 실시한다(사진 5-6, 5-7, 5-8 각 F~H).

이때 뒤쪽 허리의 완전한 직선이동을 이끌어내기 위해 의식적으로 실시하는 것이 다음의 동작이다. 〈사진 5-6, 5-8 각 E~H〉의 축족의 발끝 움직임을 보면 발끝이 발뒤꿈치 방향으로 이동하고 있다는 사실

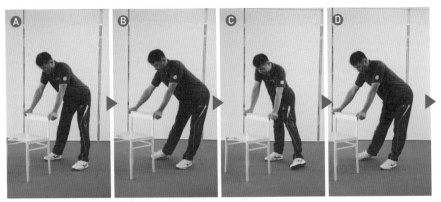

사진 5-6 뒤쪽 허리를 직진시키는 골반의 회전동작 만들기(비스듬히 정면)

사진 5-7 뒤쪽 허리를 직진시키는 골반의 회전동작 만들기(옆면)

사진 5-8 뒤쪽 허리를 직진시키는 골반의 회전동작 만들기(뒷면)

을 알 수 있다. 뒤쪽 허리가 완전히 직진했을 때 뒤쪽 허리는 축각의 무릎을 직진 방향으로 끌어당기고, 무릎은 발뒤꿈치를 끌어당기며, 발뒤꿈치는 발끝을 끌어당기기 때문에 발끝은 발뒤꿈치 방향으로 이동한다. 이 드릴에서는 축각의 그런 움직임을 의식적으로 실시하기 때문에 뒤쪽 허리의 직선이동이 쉽게 이루어지는 것이다.

실제 타격동작에서는 이렇게까지 엄밀하게 뒤쪽 허리가 직선이동을 하는 경우는 드물기 때문에 축족의 발끝이 발뒤꿈치 방향으로 이동하는 선수는 많지 않다. 이렇게 할 수 있는 선수는 내딛는 다리의 '벽'을 유지하는 능력이 강하고, 내전근의 조임을 살려 날카롭게 골반을 회전시킬 수 있는 선수들이다. 따라서 축족이 발뒤꿈치 방향으로 이동하는 이런 현상은 그것이 가능한 선수들에게서 자연스럽게 이루어지는 것으로, 의식적으로 실시하는 것은 아니다. 다만 이 드릴은 아무리 노력해도 뒤쪽 허리가 멀리 돌아버리는 선수에게 직선적인 이동을 습득하게 하는 것이 목적이기 때문에 굳이 골반의 이런 움직임을 이끌어내기 쉬운 방법을 취하는 것이다.

이 체조를 통하여 뒤쪽 허리의 직선이동을 여유 있게 실시할 수 있게 되었으면 〈사진 5-2, 5-3〉을 통합하여 움직여도 마찬가지로 골반을 움직일 수 있도록 한 단계 더 나아가 본다.

"얼굴을 정면으로 향하고 두 눈으로 공을 바라본다"는 말은 사실?

흔히 〈사진 5−A〉처럼 "얼굴을 투수 쪽으로 향하고 두 눈으로 공을 바라본다"는 말이 있다. 그러나 이 부자연스러운 자세가 정말 올바른 것일까. 〈사진 5−B a〉의 임팩트 자세를 보면 얼굴은 전혀 투수 쪽을 향하고 있지 않다. 즉 준비자세에서 얼굴을 투수 쪽으로 향하면 임팩트까지의 과정에서 반드시 얼굴의 방향이 움직인다.

임팩트 자세에서 얼굴의 방향이나 상체의 기울어진 각도를 바꾸지 말고 비디오테이프를 되감듯 스윙 동작을 되돌려(사진 5−B a~d) 준비자세를 잡으면 〈사진 5−B e〉처럼 된다. 얼굴의 방향을 이런 식으로 잡고 준비자세를 갖추면 임팩트까지 눈동자만 움직일 뿐이기 때문에 공을 끝까지 바라볼 수 있다. 나는 이것이 타격을 하기 위해 가장 군더더기 없고 정확한 얼굴의 방향이라고 생각한다.

또 나이가 어린 선수일수록 〈사진 5−C〉처럼 상체를 수직으로 세우고 자세를 잡는 선수들이 많이 있다. 어린 선수들에게 이 자세가 많은 이유는 아직 고관절을 적절하게 움직일 수 없기 때문이며, 고관절을 적절하게 움직이지 못하는 선수일수록 무릎을 발끝 방향으로 내밀듯 중심이 기울어지기 때문이다. 상체가 앞으로 기울어지는 각도는 고관절의 굴곡 각도에 의해 정해지는 것이다.

이처럼 상체를 수직으로 세운 자세에서도 테이크 백에서 상체가 앞으로 기울어져 '톱'에서 〈사진 5−B d〉와 같은 자세가 된다면 아무런 문제가 발생하지 않는다. 그러나 '톱'에서도 수직인 상태 그대로라면 문제다. 〈사진 5−D〉처럼 상체가 수직으로 선 자세로 임팩트를 맞이하는 경우는 없기 때문이다.

〈사진 5−B a〉의 임팩트 자세를 보면 상체는 홈플레이트 방향으로 기울어져 있다. 얼굴

사진 5-A 얼굴을 투수 방향으로 향한 자세

의 이 위치는 적어도 '톱' 자세에서부터 변하지 말아야 한다. 그렇기 때문에 앞에서 설명한 얼굴의 방향과 마찬가지로 상체의 각도에 관해서도 〈사진 5-B a〉의 임팩트 자세에서 얼굴의 위치, 상체의 각도를 바꾸지 말고 스윙을 되돌린 〈사진 5-B e〉의 자세, 이것이 준비자세의 기본이 되는 상체가 앞으로 기울어지는 각도다.

사진 5-B 임팩트에서의 얼굴의 방향과 상체의 각도를 기준으로 삼은 자세

사진 5-C 상체를 수직으로 세운 자세   사진 5-D 상체를 수직으로 세운 채 만든 임팩트 자세

제6장

스텝 동작 개선 드릴

● ● ●

스윙 국면으로 들어가기 전의 스텝 동작에서 중요한 것은 얼마나 바람직한 '톱'의 착지자세로 이행하는가 하는 것이다. 여기에서는 그 바람직한 착지자세와 이행 동작을 만들기 위한 드릴을 소개한다.

1. 스텝을 밟을 때의
상체 각도를 기억하는 드릴

'상체를 뒤에 남긴다'는 것은 구체적으로는 머리의 위치가 골반의 중심 위치보다 포수 쪽에 있는 '톱' 자세로 착지를 한다는 뜻인데, 이것은 보다 포수 쪽에 가까운 아웃코너 포인트에 대해 스윙을 시작한 이후부터의 충분한 가속거리를 확보하는 데에 매우 중요하다. 머리가 골반보다 앞으로 나온 이른바 '파고든다'고 불리는 '톱' 자세로 착지를 하면 아웃코너의 포인트에 대해 충분한 스윙을 할 수 있는 가속거리를 유지할 수 없기 때문에 반대 방향으로 강한 타구를 날릴 수 없다. 또 인코너 공에 대해서도 앞쪽의 포인트에서 포착하기 위한 공간을 확보하기 위해 '상체를 뒤에 남긴다'는 말은 중요하다.

이런 사실은 누구나 감각적으로 알고 있기 때문에 '뒤에 남긴다'는 말이 흔히 거론되고 있는 것이지만, 반대로 감각으로밖에 알 수 없기 때문에 '축각에 체중을 남긴다'는 그릇된 인식과 연결되어 표현되기도 한다. 축각에 체중을 남겨 허리의 위치가 앞으로 진행되지 않으면 골반에 대해 상체가 남겨지는 자세는 만들 수 없기 때문에 정말로 필요한 '뒤에 남긴다'는 자세는 실현할 수 없다.

여기에서 소개하는 것은 이 '상체를 뒤에 남긴다'는 자세를 실현하는 방법과 두 어깨를 수평인 상태로 스텝을 밟기 위한 상체의 각도를 만드는 방법을 감각적으로 이해하지 못하는 선수들을 대상으로 실시하는 드릴이다.

우선 평소에 준비자세를 잡을 때의 폭으로 스탠스를 잡고 서서, 축족 바깥쪽 비스듬히 45도 방향으로 발에서 헤드 한 개 정도의 폭 만큼 떨어진 위치에 배트를 세우고 두 손을 그립엔드 위에 겹쳐놓는다(사진 6-1). 그 후 세운 배트 쪽으로 인사를 하듯 겹쳐진 두 손 위로 이마를 숙인다(사진 6-2 A). 이때 골반은 투수에 대해 옆 방향 상태를 유지한 채 허리 윗부분은 배트를 향한다. 그리고 상체의 이 각도를 전혀 바꾸지 않고 머리만을 움직여 투수 방향을 보면 골반에 대해 '상체를 뒤에 남긴다'는 자세를 실현하기 위한 상체의 각도가 완성된다(사진 6-2 B). 이것이 이 드릴의 준비자세다.

여기까지 할 수 있으면 상체의 이 각도를 전혀 바꾸지 말고 내딛는 다리를 끌어당겨 축각 쪽으로 체중을 싣고(사진 6-2 C) 스텝을 밟는다(사진 6-2 D). 이때 두 손으로 지탱하고 있는 배트를 가능하면 세워두어야 하반신의 앞쪽 이동에 대해 상체를 뒤에 남기는

사진 6-1 배트를 세우는 위치

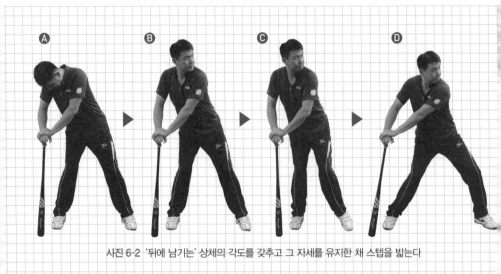

사진 6-2 '뒤에 남기는' 상체의 각도를 갖추고 그 자세를 유지한 채 스텝을 밟는다

'비틀림' 감각도 동시에 배양할 수 있다.

〈사진 6-2 B~D〉를 보면 두 어깨의 라인은 거의 수평이다. 두 어깨가 수평인 '톱'을 만든다는 것은 그 후의 스윙에 있어서 척추를 축으로 날카로운 상체의 회전동작을 실시하기 위한 한 가지 조건으로서 매우 중요하다. '톱'에서 앞쪽 어깨를 강하게 끌어내리거나 뒤쪽 어깨가 내려가면 척추를 축으로 삼은 상체의 회전동작은 절대로 이루어지지 않는다.

이 드릴의 착지자세에서 두 어깨의 라인이 수평을 이루고 있는 이유는 축각 옆 비스듬히 45도 방향으로 인사를 하는 동작을 통해서 '상체를 뒤에 남긴다'는 자세를 만들고 있기 때문이다. 만약 상체를 축각 쪽으로 옆으로 기울인다면 뒤쪽 어깨가 내려가고, 상체를 수직으로 세우고 두 어깨의 수평상태를 만든다면 상체는 뒤에 남을 수 없다.

이 착지자세를 만들어 보았을 때 뒤쪽 어깨가 강하게 내려가면서 배트가 아래쪽에서 나오는 듯한 느낌이 드는 선수도 있을 것이다. 그런 선수는 지금까지 스윙을 시작할 때 상체의 회전에 의한 보텀 핸드 쪽 어깨의 리드가 충분히 이루어지지 않았고, 톱 핸드 주체로 스윙을 하는 감각이 강했다는 것이다.

또 〈사진 6-2 B〉에서의 상체의 각도는 내딛는 다리에서부터 머리까지가 거의 직선 관계로 배열되어 있다. 상체의 이런 각도를 유지한 채 발을 내딛으면서 착지한 순간에 스윙이 시작되면 그 이후부터는 머리의 위치가 움직이지 않기 때문에 임팩트까지는 '스테이 백 라인'이라고 불리는, 내딛는 다리에서부터 머리까지가 비스듬히 일직선을 이루는 자세를 만들 수 있는 것이다.

2. '비틀림'을 만드는 스텝의 드릴

이것은 특히 착지할 때 내딛는 다리의 무릎이 안쪽으로 향하여 상반신과의 사이에 충분한 '비틀림'을 만들지 못하는 선수를 위한 드릴이다.

우선 두 발을 붙인 스탠스로 두 고관절을 뒤쪽으로 당기면서 가볍게 무릎을 굽히고 자세를 잡는다(사진 6-3 A, 사진 6-4). 다음에 두 무릎만을 투구 방향 쪽으로 비틀어 방향을 바꾸고(사진 6-3 B), 그 무릎의 방향을 고정해둔다는 생각으로 상반신을 무릎과 반대인 45도 방향으로 비틀어 그 방향으로 상체를 약간 덮어씌운다(사진 6-3 C). 그렇게 하면 무릎은 투구 방향으로 조여지는 힘이 유지된 채 방향만 발끝 방향으로 되돌아가는데, 무릎을 조이는 힘은 골반에도 작용해서 골반이 투수에 대해 옆 방향인 상태를 조금이라도 더 유지할 수 있도록 작용한다(사진 6-3 C).

이후 얼굴의 방향만을 움직여 투수를 보도록 하면, 이것으로 축각에서부터 골반, 상반신, 얼굴은(내딛는 다리와 두 팔 이외에) 축각으로 체중을 실을 때부터 착지까지의 스텝에 이를 때까지 유지해야 할 위치 관계가 이미 완성된다(사진 6-3 D). 남은 것은 축각에서부터 골반, 상반신, 얼굴

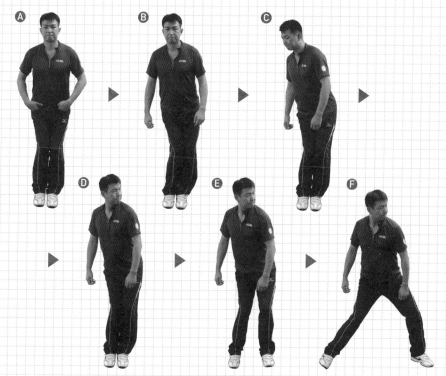

사진 6-3 상반신과 하반신이 서로 반대로 향하려 하는 관계를 바꾸지 않고 스텝을 밟는다

사진 6-4 드릴에서의 첫 단계인 고관절을 끌어당기는 모습

의 관계를 그대로 고정한 채 축각의 발 부분을 바깥쪽으로 젖히는 동작으로 골반을 밀어내어 스텝을 한 걸음 내딛는 것뿐이다(사진 6-3 E~F).

여기까지의 과정에서 특히 중요한 것은 상체와 무릎이 허리를 중심으로 서로 반대 방향으로 향하려 하는 관계를 유지해야 한다는 것이다. 이것이야말로 '비틀림' 관계이며, 이 관계가 유지되기 때문에 착지에서 내딛는 다리의 무릎이 안쪽으로 향하지 않는다.

이 체조를 할 수 있게 되었으면 다음에는 배트를 잡고 〈사진 6-3 D〉의 자세에서부터 스텝 동작을 실시한다(사진 6-5).

〈사진 6-3 D〉와 마찬가지 자세에서 배트를 어깨에 눕히고 자세를 잡는다(사진 6-5 A). 배트를 눕혀두는 이유는 '톱'에서의 보텀 핸드 쪽 어깨에서부터 팔, 배트에 걸친 라인의 각도를 높은 공에 대한 레벨 스윙의 스윙 플레인 각도에 일치시키는 동작을 최대한 군더더기 없이 실행하기 위해서다.

높은 공에 대한 레벨 스윙에 기준을 두는 이유는 그 스윙이 상체의 회전에 의한 보텀 핸드 쪽 어깨의 리드가 충분히 작용하지 않으면 결코 이루어질 수 없기 때문이다. 그리고 그 신체 사용 방법을 바탕으로 배트를 가장 빨리 앞으로 운반해야 할 필요가 있는 인코너 높은 공에 대응할 수 있게 되면 헤드가 내려가는 현상이나 멀리 돌아가는 현상, 빨리 뒤집혀지는 현상을 배제한 효과적인 스윙 궤도를 실현할 수 있다. 이것은 아웃코너 공이나 변화구를 제대로 타격하지 못하는 원인까지 개선할 수 있다는 의미이며, 모든 공에 대응할 수 있는 스윙 동작의 기본형은 이것으로 완성되었다고 볼 수 있다.

이 자세에서부터 스텝을 밟아 앞쪽으로 나가는 타이밍에 맞추어 상반신으로 테이크 백 동작을 실시해 착지에서 '비틀림'을 만든다(사진 6-5 A~F).

이때 〈사진 6-5〉의 E와 F를 보면 보텀 핸드를 포수 방향으로 끌어당

사진 6-5 〈사진 6-3 D〉 이후의 동작을 배트를 잡고 실시한다

기는 테이크 백 동작은 착지 바로 전인 〈사진 6-5 E〉의 시점에서 끝나 있다. 이 드릴을 실시할 때에는 스텝을 앞쪽으로 이동시키는 데에 맞추어 테이크 백을 실시한다는 인식만으로 충분하지만, 실제로 스윙을 하는 경우에는 이처럼 착지 바로 전까지 테이크 백 동작이 완료되어 '비틀림'도 완성되어 있기 때문에 완전 착지를 신호로 '비틀림'을 되돌리면서 상체 회전에 의한 스윙의 리드를 시작할 수 있다. 매우 세밀한 포인트이지만 스텝과 테이크 백 동작의 타이밍에 있어서 중요한 부분이니까 알아두도록 하자.

이처럼 단지 한 걸음 내딛는 것뿐인 스텝 동작에서 테이크 백의 타이밍을 기억하고 '톱'에서 '비틀림'을 만드는 동작을 이해했다면, 이번에는

사진 6-6 일반적인 스탠스를 잡고 축각에 체중을 싣는 동작을 포함하여 〈사진 6-5〉의 동작을 실시한다

일반적인 스탠스를 잡고 시작해서 축각에 체중을 싣는 동작을 첨가하여 마찬가지 스텝 동작을 실시한다(사진 6-6).

앞에서와 마찬가지 자세에서 축각, 골반, 상체, 얼굴, 두 팔, 배트의 관계는 바꾸지 말고 일반적인 스탠스까지 가볍게 내딛는다(사진 6-6 A, B). 이후 축각에 체중을 실을 때에도 축각, 골반, 상체, 얼굴, 두 팔, 배트의 관계를 고정한 채 내딛는 다리를 끌어당기고(사진 6-6 C), 다음에는 〈사진 6-5〉의 드릴과 마찬가지 동작으로 스텝을 밟아 '비틀림'을 만든다(사진 6-6 D~F).

3. '비틀림' 드릴의 변형

　다음은 〈사진 6-3~6-6〉의 일련의 드릴에서 아무리 노력해도 내딛
는 다리의 무릎이 안쪽으로 들어간 착지가 되어 '비틀림'이 제대로 만들
어지지 않는 선수에 대한 차선책으로 이용하는 드릴이다.

　〈사진 6-5 A〉와 마찬가지로 자세를 발끝 방향만 30도 정도 투수 방

사진 6-7　아무리 노력해도 내딛는 다리의 무릎이 안쪽으로 향해버리는 경우의 변형

향으로 향한다(사진 6-7 A). 그리고 〈사진 6-5〉의 드릴과 마찬가지로 단지 한 걸음 스텝을 밟으면서 테이크 백을 실시하여 '비틀림'을 만든다(사진 6-7 B~D).

이것을 반복했으면 다음에는 축족의 발끝만을 투수에 대해 옆 방향으로 두고(사진 6-8 A), 내딛는 다리의 발끝 방향과 무릎의 방향을 그대로 내밀듯 골반을 축각 쪽으로 진행시킨다(사진 6-8 B~D).

여기까지 했으면 〈사진 6-6〉의 드릴처럼 일단 축각에 체중을 싣는 동작을 첨가해도 마찬가지로 스텝을 밟을 수 있는지, 또 내딛는 다리를 투수에 대해 옆 방향으로 되돌리고 완전히 〈사진 6-6〉의 드릴로 되돌려도 마찬가지로 스텝을 밟을 수 있는지를 확인한다.

하지만 스텝을 밟을 때 내딛는 다리의 무릎이 안쪽으로 들어가는 근본적인 원인은 견갑골이나 흉곽의 움직임이 나쁘고 골반의 방향과 상체

사진 6-8 〈사진 6-7〉의 동작을 축족의 발끝을 옆 방향으로 하고 실시한다

의 방향을 바꾸는 것이 어려워 보텀 핸드 쪽 어깨를 넣으면 골반까지 함께 들어가버리거나, 고관절을 충분히 끌어당기지 못하여 무릎을 움직이면서 중심을 가라앉힐 수밖에 없다는 데에 있기 때문에 관절의 움직임을 개선하는 드릴도 병행하여 진행해야 할 필요가 있다.

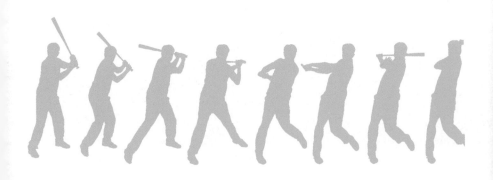

제 7 장

테이크 백 동작 개선 드릴

• • •

실제 상황에서 '톱' 자세는 코스나 높이에 대응하여 자동으로 바뀌는 것이지만, 여기에서는 처음에 습득해야 할 기준이 되는 자세로서 높은 공에 대한 '톱' 자세를 만드는 방법을 설명하고, 그 '톱'으로 이행하는 테이크 백 동작을 습득하는 방법의 예를 소개하기로 한다.

1. '톱'을 만드는 방법 ①

처음에 소개할 드릴은 가장 단순하면서도 누구나 간단히 실시할 수 있는 방법이다.

배트를 옆으로 눕힌 상태에서 어깨에 올려놓고 어깨 넓이 정도의 좁

사진 7-1 배트를 어깨에 눕히고 발을 내딛는 동작에 맞추어 보텀 핸드의 움직임으로 그립을 당긴다(옆면)

은 스탠스로 편안하게 서서(사진 7-1 A, 7-2 A) 한 걸음 내딛는 동작에 맞추어 그립(배트)을 백네트 방향으로 당긴다(사진 7-1, 7-2 각 B~E). 이 것뿐이다.

이 드릴은 처음부터 스윙 동작을 바로잡아가는 경우에 흔히 이용된다. 스윙 동작을 바로잡으려면 원하는 스윙을 실현하기 위한 '톱' 자세로 확실하게 이행해야 할 필요가 있기 때문에 가장 확실하고 간편한 방법을 취하는 것이다. 각각의 준비자세에서 스윙을 시키는 것은 스윙 그 자체의 신체 사용 방법을 습득한 이후의 단계다.

그 밖에도 테이크 백에서 배트의 헤드가 투수 방향으로 지나치게 들어가는 선수나 그립이 등 쪽으로 지나치게 들어가는 선수에 대해 각각 지나치게 들어가지 않는 동작을 체감하게 하는 경우에도 이 드릴을 이

사진 7-2 배트를 어깨에 눕히고 발을 내딛는 동작에 맞추어 보텀 핸드의 움직임으로 그립을 당긴다(뒷면)

용한다.

어깨에 배트를 올린 준비자세에서는 헤드가 〈사진 7-1〉의 각도에서 볼 때 머리 뒤쪽에 있다. 본인은 헤드를 투구 선에 대해 직각으로 향하고 있다고 생각하더라도 그립을 몸의 중심선보다 포수 쪽으로 당기고 있는 만큼 헤드는 자연스럽게 머리 뒤쪽 근처에 오는 것이다.

그리고 준비자세에서 톱 핸드 쪽 팔꿈치는 완전히 구부려 팔꿈치 끝이 거의 아래를 향하고 있다(사진 7-1 A, 7-2 A). 이 톱 핸드 쪽 팔꿈치의 방향과 굴곡 각도를 유지한 채 보텀 핸드의 움직임으로 테이크 백을 실시할 수 있으면, 준비자세에서 머리 뒤쪽에 있는 헤드의 위치는 바뀌지 않은 상태에서 그립만 백네트 방향으로 진행하는 움직임이 발생해 헤드가 필요 이상으로 투수 방향으로 들어가지 않는다(사진 7-1, 7-2 각 A~E).

헤드가 지나치게 들어가는 원인은 대부분 톱 핸드 쪽 팔꿈치를 펴는 등 테이크 백에서의 톱 핸드의 지나친 움직임 때문이다. 스윙에서 톱 핸드를 강하게 작용시키려는 동작에 대한 무의식적인 이미지가 스윙 준비 동작인 테이크 백에 나타나 톱 핸드가 지나친 움직임을 보이게 되는 것이다. 이 드릴은 테이크 백에서의 톱 핸드의 지나친 움직임을 억제하고 보텀 핸드가 주체를 이루는 테이크 백을 실현시키도록 해준다.

그리고 〈사진 7-2〉를 보면 그립의 위치는 등 방향으로 약간 들어가 있는 것을 알 수 있을 것이다. 이것은 단지 한 걸음 앞으로 내딛는 스텝에 맞추어 상반신에 테이크 백을 실시하고 있기 때문이며, 또 배트를 어깨에 눕힌 자세에서 시작하여 그립의 위치가 몸에 가까운 지점에서 테이크 백을 시작하고 있기 때문이다.

　테이크 백에서 그립이 등 쪽으로 지나치게 들어가는 가장 큰 원인은 골반과 함께 전신이 뒤쪽을 향해버린다는 데에 있다. 하지만 이 드릴에서는 투수에 대해 옆 방향으로 선 자세에서 단지 한 걸음 내디딜 뿐인 스텝을 밟는 것으로 골반이 투수에 대해 옆 방향인 채 앞으로 나아가는 동작을 실현하고 있다.

　게다가 〈사진 7-1 B~D〉에서는 그립의 공간적인 위치가 거의 바뀌지 않는다는 점에서, 스텝에 맞추어 테이크 백을 실시하면서 마치 준비했을 때의 위치에 그립을 남겨두는 것 같은 식으로 스텝과 테이크 백이 이루어지고 있다는 사실을 알 수 있다. 골반은 투수에 대해 옆 방향인 채 스텝이 이루어지고, 그립은 몸에 가까운 위치에 그대로 남겨지는 것처럼 테이크 백이 이루어지기 때문에 이 드릴에서는 그립이 등 쪽으로 들어가는 현상은 발생하지 않는 것이다.

　〈타자 이론편〉은 물론 이 책에서도 준비자세나 다리로 리듬을 잡는 방법에 대해서는 '아무래도 상관없다'는 식으로 설명해왔다. 그 이유는 스윙 그 자체에 있어서 중요한 것은 준비자세가 아니라 스윙에 필요한 '톱' 자세를 만드는 것이며, 그 자세까지만 올바르게 이행할 수 있으면 준비자세는 각각의 감각에 맞는 것을 선택하면 되기 때문이다. 그러나 바꾸어 말하면 필요한 '톱' 자세로 이행할 수 없는 경우라면 이행할 수 있는 준비자세를 찾아야 할 필요가 있다고 표현할 수도 있다.

　배트를 세우고 자세를 잡는 선수라 해도 테이크 백의 '톱'에서는 배트를 어느 정도 눕혀야 한다. 그 이행 동작이 제대로 이루어지지 않아 '톱'

자세를 확실하게 이행할 수 없다면 연습 방법으로서 처음부터 배트를 눕혀두어야 할 필요도 있는 것이다.

또 스윙을 시작할 때에는 배트는 반드시 톱 핸드 쪽 어깻죽지 부근에서 나가기 때문에 '톱'에서의 그립의 위치는 너무 낮거나 너무 높으면 안 된다. 따라서 바람직한 높이로 이행할 수 없다면 처음부터 어깨에 배트를 짊어져서 위아래로 쓸데없이 움직이는 현상을 줄여야 한다.

이처럼 자신의 준비자세에서 바람직한 '톱'으로 이행할 수 없는 선수에 대해 모든 군더더기들을 생략하고 필요한 자세로 이행하기 쉬운 방법을 이용해서 그 자세를 체감하도록 하는 것이 이 드릴의 의도다.

사진의 견본이 우뚝 선 자세로 실시하고 있거나, 내딛는 다리를 끌어당기거나 들어 올리는 일 없이 오직 한 걸음만 내딛는 이유는 무릎을 구부려 중심을 낮추어 자세를 잡거나, 다리를 끌어당기거나 들어 올리는 동작이 첨가되는 것만으로도 골반째 온 몸이 뒤쪽 방향으로 깊이 들어가거나, 앞쪽 어깨가 강하게 내려가는 선수가 나오기 때문에 그런 가능성까지도 제거하려는 생각에서다.

만약 이런 부분에 문제가 없다면 실제와 마찬가지로 중심을 약간 낮추고 자세를 잡거나 다리로 리듬을 타는 동작을 첨가해도 상관없다. 다만 배트를 어깨에 눕혀 자세를 잡고 스텝에 맞추어 끌어당기는 동작만큼은 이 드릴을 실시할 때에는 바꾸지 말아야 한다. 이 드릴은 상반신을 움직이는 방법을 바로잡기 위해 실시하는 것이기 때문이다.

흔히 "처음부터 배트를 눕혀 '톱' 자세로 자세를 잡아 바로 스윙을 할 수 있는 상태를 만들어둔다"는 말이 있는데, 스텝에 맞추어 테이크 백을 실시하는 것은 '비틀림'을 낳아 상체의 회전동작을 살린 스윙을 하려면 절대로 생략해서는 안 되는 테이크 백의 본질적인 동작이다.

이 사진을 보았을 때 배트가 흔히 볼 수 있는 각도보다 더 눕혀져 거의 완전한 수평에 가깝다는 점이 마음에 걸리는 분들도 있을 것이다. 이런 자세를 갖추게 하는 이유는 내가 이 드릴을 이용할 때 몸에 닿을 정도의 인코너 높은 코스를 대상으로 스윙을 하게 하거나, 보텀 핸드로 리드하는 동작을 만드는 것까지 동시에 실행하도록 하는 경우가 많고, 우뚝 선 자세에서 실행하도록 하는 경우가 많기 때문이다.

이후에 소개하는 방법에서는 상체가 앞으로 기울어져 있는 만큼 배트의 각도는 일어난다.

2. '톱'을 만드는 방법 ②

다음에는 '톱'에서의 상반신 자세를 단계적으로 만드는 방법이다.

① 한 주먹만큼의 여유를 남기고 톱 핸드로 배트를 잡는다(사진 7-3 A, 7-4 A).

② 배트를 어깨에 올리고 수평으로 눕힌다(사진 7-3 B, 7-4 B).

③ 배트는 수평인 채 톱 핸드 쪽 팔꿈치를 완전히 구부린다(사진 7-3 C, 7-4 C).

④ 배트의 수평 상태와 팔꿈치의 각도는 바꾸지 않고 어깨의 움직임으로 톱 핸드를 옆으로 벌리고 배트의 헤드를 완전히 투수 방향으로 향한다(사진 7-3 D, 7-4 D).

⑤ 팔의 위치는 바꾸지 않고 손목만을 움직여 정면(사진 7-3의 각도)을 보고 배트의 헤드가 머리 뒤로 오도록 되돌린다(사진 7-3 E, 7-4 E).

※ 이때 팔의 위치를 바꾸지 않는다고 해도 〈사진 7-4 E〉처럼 앞 팔의 위치는 약간 앞으로 되돌아오기 때문에 배트는 수평이 되지 않는다.

사진 7-3 톱에서의 상반신 자세를 단계적으로 만드는 방법(정면)

사진 7-4 톱에서의 상반신 자세를 단계적으로 만드는 방법(옆면)

⑥ 여유를 남겨 두었던 그립 부분을 보텀 핸드로 잡는다(사진 7-3 F,
 7-4 F).

⑦ 팔의 모양은 바꾸지 말고 얼굴의 방향, 상체의 각도, 하반신의 자
 세를 정돈해 실제 '톱' 자세에 가깝게 자세를 잡는다(사진 7-3 G,
 7-4 G).

사진 7-5 보텀 핸드 쪽 어깨가 올라간 상태

사진 7-6 어깨가 충분히 오므려지지 않는 경우의 대처 방법

이 방법으로 '톱'을 만들어 보았을 때 제대로 되지 않는 경우에 가장 많이 볼 수 있는 것이 〈사진 7-5〉처럼 보텀 핸드 쪽 어깨가 올라가버리는 현상이다. 이런 현상이 나타나는 이유는 보텀 핸드를 그립 쪽으로 뻗을 때 견갑골의 외전이 나빠서 어깨가 충분히 오므려지지 않기 때문이다. 대처 방법은 〈사진 7-6〉처럼 일단 보텀 핸드를 견갑골째 앞쪽으로 내민 뒤에 어깨의 상태를 그대로 유지한 채 배트를 잡아보는 것이다.

실제 '톱'에서는 톱 핸드 쪽 팔꿈치와 견갑골이 등 쪽으로 강하게 당겨지는 것은 아니다. 따라서 이 방법에서 문제가 되는 것은 만약 〈사진 7-4 E〉에서 배트의 헤드 방향을 되돌렸을 때 톱 핸드의 앞 팔이 약간 앞으로 되돌아오는 움직임이 발생하지 않는다면 그립을 등 쪽으로 지나치게 끌어당긴 자세가 되어 있다는 것이다.

이처럼 최종적으로 완성된 모양을 보고 판단하여 미세하게 조정을 해야 할 필요도 있다는 점을 이해하고 실시해보기 바란다.

3. '톱'을 만드는 방법 ③

세 번째 방법은 특히 〈사진 7-5〉처럼 '톱'에서 보텀 핸드 쪽 어깨가 올라가버리는 선수에게 효과적인 방법이다.

스탠스나 상체의 각도, 얼굴의 방향은 실제에 가까운 상태로 골반 앞에서 손등을 마주대고 어깨를 강하게 오므린다(사진 7-7 A, 7-8 A, 7-9 A). 이때 보텀 핸드 쪽 어깨를 약간 넣는 듯한 느낌을 가지면 어깨가 턱 아래에 닿는 위치에 올 것이다.

다음에, 보텀 핸드 쪽 어깨를 오므린 상태를 유지한 채 촙을 반복하는 자세처럼 보텀 핸드를 톱 핸드 쪽으로 올리고 엄지손가락을 톱 핸드 쪽 어깨의 바깥쪽에 댄다(사진 7-7 B, 7-8 B, 7-9 B). 충분히 어깨가 오므려져 있으면 이 동작은 간단히 할 수 있을 것이다. 그리고 보텀 핸드의 엄지손가락을 톱 핸드 쪽 어깨에 대고 있을 때의 보텀 핸드의 손의 위치 근처에 톱 핸드가 오도록 배트를 잡는다(사진 7-7 C, 7-8 C, 7-9 C).

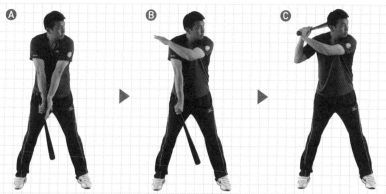

사진 7-7 보텀 핸드 쪽 어깨가 올라가는 선수에게 효과적인 톱 자세를 만드는 방법(옆면)

사진 7-8 보텀 핸드 쪽 어깨가 올라가는 선수에게 효과적인 톱 자세를 만드는 방법(정면)

사진 7-9 보텀 핸드 쪽 어깨가 올라가는 선수에게 효과적인 톱 자세를 만드는 방법(뒷면)

4. 상반신과 하반신의 리듬을 맞추는
테이크 백 동작 만들기

'톱' 자세만 몸으로 기억하면 테이크 백 동작은 어떤 준비자세에서도 그 '톱' 자세로 이행만 하면 되기 때문에 여기에서는 테이크 백 동작을 만드는 방법의 한 가지 예만 제시해두기로 한다.

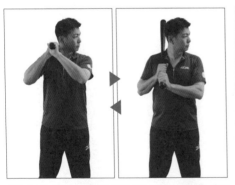

사진 7-10 배트를 어깨에 올린 채 그립을 위아래로 움직인다(옆면)

사진 7-11 배트를 어깨에 올린 채 그립을 위아래로 움직인다(뒷면)

배트를 옆으로 눕혀 어깨 위에 올려놓은 자세를 잡고, 배트는 어깨에 올려놓은 채 배트가 45도 정도가 될 때까지 그립을 내렸다가 다시 원래의 위치로 되돌리는 동작을 반복한다(사진 7-10, 7-11).

사진 7-12 STEP ①의 동작을 축각에 체중을 싣는 동작, 내딛는 동작에 맞추어 실시한다(옆면)

사진 7-13 STEP ①의 동작을 축각에 체중을 싣는 동작, 내딛는 동작에 맞추어 실시한다(뒷면)

다음에, 그립을 내리는 동작에 맞추어 축각에 체중을 싣는 동작을 실시, 스텝에 맞추어 그립을 원래의 위치로 되돌리는 동작을 반복한다(사진 7-12, 7-13).

사진 7-14 STEP ②와 마찬가지 동작에서 스텝으로 진행하면서 배트를 어깨에서 뗀다(옆면)

사진 7-15 STEP ②와 마찬가지 동작에서 스텝으로 진행하면서 배트를 어깨에서 뗀다(뒷면)

이때 다리의 움직임은 '미끄러뜨리거나' '외다리'를 사용해도 상관없다.

STEP ②와 마찬가지로 축각에 체중을 싣는 동작에서부터 스텝에 맞추어 그립을 원래의 위치로 되돌릴 때 공간적인 원래의 위치로 되돌아오도록 스텝을 통해서 진행한 만큼 어깨에서 뗀다(사진 7-14, 7-15). 여기에서 착지할 때 만들어지는 '톱'의 자세는 보텀 핸드의 팔에서부터 배트의 라인이 높은 공에 대한 스윙 플레인과 일치해야 한다는 점이 중요하다(사진 7-16). 만약 〈사진 7-17〉처럼 톱 핸드의 팔꿈치가 올라가 헤드가 투수 방향으로 깊이 들어가 있다면 테이크 백 동작에서 톱 핸드를 지나치게 작용시켰다는 뜻이다.

사진 7-16 보텀 핸드에서부터 배트의 라인이 높은 공에 대한 스윙 플레인에 일치한 톱

사진 7-17 보텀 핸드가 지나치게 작용하여 팔꿈치가 올라가면서 헤드가 투수 방향으로 들어가 있다

여기까지 실시했으면 STEP ③의 테이크 백 동작에서부터 스윙을 하는 높이를 바꾸어 맨손 스윙이나 티 배팅을 실시, 이 일련의 테이크 백 동작의 의미를 몸으로 이해하도록 한다.

사진 7-18 STEP ③의 동작에서부터 높은 공에 대한 스윙(비스듬히 정면)

사진 7-19 STEP ③의 동작에서부터 높은 공에 대한 스윙(뒷면)

높은 공이라면 STEP ③의 테이크 백 동작은 전혀 바꾸지 말고(사진 7-18, 7-19), 낮은 공이라면 그립을 내린 지점에서 그대로 그립을 당겨 '톱'에서의 보텀 핸드에서부터 배트에 걸친 라인의 각도를 낮은 공으로 향하는 스윙 플레인에 맞추어 스윙을 하면 된다(사진 7-20, 7-21).

사진 7-20 STEP ③의 동작에서부터 낮은 공에 대한 스윙(비스듬히 정면)

사진 7-21 STEP ③의 동작에서부터 낮은 공에 대한 스윙(뒷면)

어깨 위에 눕혀두고 자세를 잡았던 배트를 어깨에서 떼고, 배트를 눕힌 자세에서 STEP ③의 동작을 실시한다(사진 7-22, 7-23, 7-24). 준비자세의 위치는 올라갔지만 '톱' 자세는 지금까지와 마찬가지다.

지금까지의 설명으로 배트를 눕힌 준비자세에서부터의 테이크 백 동작 하나가 완성되었다. 이 테이크 백 동작을 기준으로 삼아 배트를 세운 준비자세에서도 같은 동작을 실시하면 된다(사진 7-25, 7-26, 7-27).

사진 7-22 배트를 눕힌 준비자세에서의 테이크 백 동작 완성형의 예(옆면)

사진 7-23 배트를 눕힌 준비자세에서의 테이크 백 동작 완성형의 예(뒷면)

사진 7-24 배트를 눕힌 준비자세에서의 테이크 백 동작 완성형의 예(정면)

사진 7-25 배트를 세운 준비자세에서의 테이크 백 동작 완성형의 예(옆면)

사진 7-26 배트를 세운 준비자세에서의 테이크 백 동작 완성형의 예(뒷면)

사진 7-27 배트를 세운 준비자세에서의 테이크 백 동작 완성형의 예(정면)

배트를 눕힌 이 준비자세에서의 두 가지 테이크 백 동작을 비교하면 다리를 올리기 전에는 양쪽이 거의 비슷한 자세가 되고, 축각에 체중을 싣고 그립을 일단 내린 자세부터는 양쪽이 완전히 똑같은 동작을 보인다는 사실을 알 수 있다(사진 7-22~27의 각 B 이후). 즉 기준이 되는 동작과 리듬이 형성되어 있으면 처음의 준비자세는 자유롭게 선택해도 된다는 것이다.

이런 동작은 어디까지나 하나의 예이기 때문에 기본적으로 같은 동작이라고 해도 그립이 위아래로 움직이는 폭을 좀 더 줄일 수도 있고, 늘릴 수도 있다.

〈사진 7-28〉은 위아래로 움직이는 폭을 줄인 정통파 자세이고, 〈사

사진 7-28 그립이 위아래로 움직이는 폭을 줄인 테이크 백 동작

진 7-29, 7-30, 7-31〉은 위아래로 움직이는 폭을 늘린 자세다.

위아래로 움직이는 폭을 늘린 자세에서는 그립을 내렸을 때 헤드가 투수 방향으로 들어가는 지점까지 배트가 서지만(사진 7-30, 7-31 각 A~D), 거기에서부터 헤드를 되돌리는 동작이 스윙을 시작하기에 이르는 일련의 예비동작으로 첨가되는 만큼 헤드의 가속거리가 길어져(사진 7-29~7-31의 각 D~G) 임팩트에서의 펀치력이 증가한다. 다만 헤드가 들어간 지점에서부터의 되돌림이 늦어졌을 때에는 스윙이 늦어질 가능성이 높고, 높은 공에는 배트가 아래에서 나가기 쉽기 때문에 정확성이 떨어질 수 있다. 예를 들어 착지에서 배트의 각도가 〈사진 7-30 D, 7-31 D〉의 상태이고, 거기에서부터 스윙을 한다고 생각하면 늦게 되

사진 7-29 그립이 위아래로 움직이는 폭을 늘린 테이크 백 동작(옆면)

사진 7-30 그립이 위아래로 움직이는 폭을 늘린 테이크 백 동작(뒷면)

사진 7-31 그립이 위아래로 움직이는 폭을 늘린 테이크 백 동작(정면)

돌릴수록 마이너스 측면이 커진다는 사실을 충분히 이해할 수 있을 것이다. 이 사진에서는 축각에 체중을 싣는 움직임에 맞추어 그립을 내리고, 내딛는 움직임에 맞추어 그립을 올리고 있기 때문에 되돌림이 늦어지는 문제는 발생하지 않는다.

여기까지는 배트를 눕힌 자세에서부터의 시작을 전제로 삼고 있지만 처음부터 〈사진 7-29~31〉의 각 B, C 근처에서 배트를 세우고 자세를 잡아도, 또 전혀 다른 준비자세에서 〈사진 7-29~31〉의 각 C나 D의 자세로 이행해도 테이크 백 동작의 본질은 마찬가지다.

제**8**장

효과적인 신체 사용 방법의 수준을 높인다

● ● ●

지금까지의 드릴을 통하여 만들어진 신체 사용 방법에서 관절의 움직임을 더욱 높이고 상체의 회전동작과 골반의 회전동작을 조합시켜 얻을 수 있는, 스윙 궤도를 보다 효과적인 것으로 만들기 위한 드릴을 소개한다.

1. 신체 사용 방법의 수준을 높이려면

　효과적인 신체 사용 방법의 수준을 높인다는 것은 극단적으로 말하면 골반이 옆 방향으로 이동하는 '슬라이드 동작'인 상태에서도 상체의 회전동작이 유연하면 배트는 충분히 앞으로 내밀 수 있다는 뜻이다. 실제로는 불가능하지만 이에 가까울수록 아웃코너는 간단히 칠 수 있고, 인코너인 경우에도 그 상체 회전에 골반이 앞으로 향하는 움직임이 첨가되면 더 빨리 배트를 내밀 수 있다. 반대로, 골반과 상체가 함께 움직일수록 인코너이건 아웃코너이건 한쪽밖에 맞출 수 없다.

　다시 말해 골반이 옆 방향으로 이동한 '슬라이드 동작' 상태에서 상체의 회전동작만으로 인코너도 가볍게 칠 수 있을 정도로 상체 회전동작이 유연한 신체를 만드는 것이 타격 수준을 높이기 위해 중요한 포인트다.

2. 견갑골의 움직임을 의식한다

〈사진 8-1〉은 견갑골의 움직임을 의식하기 위해 흔히 이용하는 체조다.

두 팔을 어깨 높이에서 앞으로 쭉 뻗고 톱 핸드를 위로 하여 〈사진 8-2〉처럼 맞댄다. 이때 팔을 올리는 것만으로 자연스럽게 견갑골이 외전(어깨가 오므려지는 방향)하지 않는 선수는 옆에서 볼 때 어깨가 등 쪽으로 당겨지고 배가 튀어나온 듯한 자세가 되기 때문에(사진 8-3), 이 시점에서 이미 견갑골의 움직임이 나쁜 선수라는 사실을 알 수 있다. 이런 선수는 의식적으로 견갑골을 앞으로 내밀고 자세를 잡는 것이 좋다(사진 8-4). 이것이 시작 자세다. 두 팔과 가슴으로는 이등변삼각형을 만들고 있다(사진 8-5).

그리고 두 팔을 계속 뻗은 상태에서 앞 팔끼리 붙이듯 겹친 손을 뒤집고(사진 8-6) 어깨가 턱 아래로 들어오도록 의식하면서 보텀 핸드 방향으로 30~45도 정도 움직인다(사진 8-1 B). 이것은 팔로우 스루로 이행해가는 동작을 이미지한 것이다.

여기에서 특히 주의해야 할 점은 팔과 가슴은 절대로 붙이지 말아야 하고 두 팔과 가슴으로 만든 이등변삼각형의 관계를 무너뜨리지 말아야

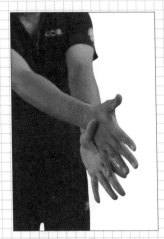

사진 8-1 견갑골의 움직임을 의식한 체조

사진 8-2 두 손을 맞대는 방법

사진 8-3 견갑골의 외전 동작이 나쁜 선수에게
서 볼 수 있는 자세

사진 8-4 의식적으로 견갑골을 앞으로 내밀고
자세를 잡는다

한다는 것, 그리고 위에 겹친 손을 아래의 손보다 멀리 가져간다는 생
각으로 견갑골을 최대한 내밀고 가능하면 팔을 적게 움직여 어깨를 턱
아래로 들어오게 해야 한다는 것이다.

〈사진 8-7〉은 팔이 가슴에 닿아 한쪽 팔꿈치가 구부러지면서 이등변삼각형이 무너진 동작이다. 〈사진 8-8〉은 어깨가 올라가버린 나쁜 동작이다.

이런 바람직하지 않은 동작이 만들어지는 원인은 어깨가 오므려지는 방향으로 견갑골이나 흉곽의 움직임, 흉추의 회선回旋 동작이 제대로 이루어지지 않기 때문이다.

이것을 반복하여 견갑골의 움직임을 유연하게 만들었으면 손을 바꾸어 반대 방향으로도 실시한다.

사진 8-5 두 팔과 가슴으로 만든 이등변삼각형

사진 8-6 앞 팔끼리 붙도록 손을 뒤집는다

사진 8-7 이등변삼각형이 무너진 나쁜 예

사진 8-8 어깨가 올라간 나쁜 예

3. '시계추 드릴'

마치 시계추처럼 배트를 좌우로 흔드는 동작이다(사진 8-9, 8-10).

명치 윗부분만을 접는다는 생각으로 등을 둥글게 말고 견갑골을 아래로 내민 상태에서 어깨를 오므리고 배트를 아래로 늘어뜨려 잡는다(사진 8-11). 이때의 팔과 상체의 방향의 관계는 상체를 일으키면 〈사진 8-12〉처럼 된다. 흉추를 중심으로 두 어깨를 교체하는 회전동작으로 배트를 움직여야 하기 때문에 준비자세에서의 팔과 상체의 방향의 관계가 중요하다.

다음에, 움직였을 때 만들어지는 자세를 확인한다. 우선 〈사진 8-11〉의 자세에서 두 팔을 뻗은 채 배트를 톱 핸드 방향으로 수평으로 잡는다(사진 8-13). 그리고 보텀 핸드는 뻗은 상태인 채 톱 핸드의 팔꿈치를 몸 앞에 붙이듯 그립을 톱 핸드 쪽으로 들어 올린다(사진 8-14). 이후 팔의 모양은 그대로 두고 명치 윗부분만을 움직인다는 생각으로 보텀 핸드의 어깨가 턱 아래로 올 때까지 상체를 회전시킨다(사진 8-15). 이것이 시계추처럼 배트를 휘두른, 좌우 한쪽의 자세다. 마찬가지로

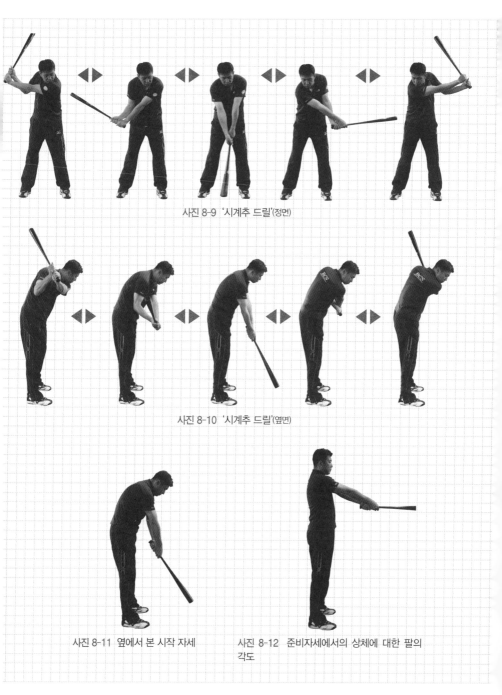

사진 8-9 '시계추 드릴'(정면)

사진 8-10 '시계추 드릴'(옆면)

사진 8-11 옆에서 본 시작 자세

사진 8-12 준비자세에서의 상체에 대한 팔의 각도

사진 8-13 두 팔을 뻗은 채 배트를 수평으로 잡는다

사진 8-14 보텀 핸드를 뻗은 상태에서 톱 핸드의 팔꿈치를 몸 앞에 붙인다

사진 8-15 팔의 모양은 바꾸지 말고 상체를 회전시켜 어깨가 턱 아래로 들어오도록 한다

사진 8-16 반대쪽으로 실시했을 때의 자세

사진 8-17 어깨가 턱 아래로 들어오지 않고 팔꿈치가 몸 앞에서 벗어나 있다(정면)

사진 8-18 어깨가 턱 아래로 들어오지 않고 팔꿈치가 몸 앞에서 벗어나 있다(옆면)

사진 8-19 허리와 무릎까지 움직이고 있는 나쁜 예

사진 8-20 그립이 느슨해서 앞 팔과 배트가 예각이 되는 나쁜 예

휘둘러서 만든 반대쪽 자세가 〈사진 8-16〉이다. 〈사진 8-11〉의 자세를 중심으로 배트를 시계추처럼 움직여 〈사진 8-15〉의 자세와 〈사진 8-16〉의 자세를 왕복한다.

이 드릴에서 지향하는 포인트는 두 가지다. 하나는 두 어깨가 교대로 턱 아래로 들어오도록 상체 윗부분의 회전으로 시계추 운동을 하는 것. 또 하나는 동작을 하는 도중에는 두 팔꿈치가 가능하면 좌우로 비틀어지는 몸 앞쪽 공간에 위치하도록 하는 것이다(적어도 두 어깨를 연결하는 면보다 앞쪽의 공간에 위치해야 한다). 그렇게 하려면 시계추 운동으로 배트가 맨 아래 지점을 통과하면서부터 가능하면 빠른 단계에서 어깨가 턱 아래로 들어와야 한다. 앞에서 설명한 제8장의 '2. 견갑골의 움직임을 의식한다' 체조에서의 어깨의 움직임과 같다.

어깨를 오므리기 위한 견갑골과 흉곽의 움직임이 나쁘고, 흉추의 회선 동작이 나쁘면 어깨는 턱 아래로 들어오지 않고 두 팔과 가슴에 의해 만들어지는 이등변삼각형이 빨리 무너지면서 팔꿈치가 몸 앞에서 바깥쪽으로 벗어난다(사진 8-17, 8-18). 이 사진은 이해하기 쉽도록 극단적으로 나쁜 동작을 제시했지만, 이 정도는 아니라고 해도 움직임이 나쁜 선수는 두 어깨가 교체되는 회선 동작이 분명히 부족하다.

이 드릴은 두 다리를 가볍게 벌리고 안정된 자세로 서서 허리의 방향을 고정하고 실시한다. 만약 상체의 회전동작이 나쁘면 허리나 무릎까지 움직이게 된다(사진 8-19).

또 그립이 느슨하면 좌우의 전환지점에서 앞 팔과 배트가 예각이 되어 헤드가 늘어지는 움직임이 발생해 손목으로 배트를 휘두르는 느낌이 강해진다(사진 8-20).

실제 스윙 동작에서는 헤드가 젖혀질 때 그립이 멈추어 헤드만 움직이는 현상을 만들지 않도록 주의해야 한다. 그것이 '손목을 비튼다'고 불리는 공에 '걸치기' 쉬운 동작이며, 상체의 회전이 멈추어 손목을 중심으로 스윙이 이루어질 때 발생하는 현상이다.

타격에서 헤드가 젖혀지는 현상은 임팩트 이후에 두 팔이 뻗는 위치를 중심으로 발생한다. 두 팔이 뻗는 방향은 가슴 방향이기 때문에 상체의 회전에 의해 가슴을 향하고 있는 면이 계속 바뀌면 두 팔이 뻗었을 때 가슴과 두 팔에 의해 만들어진 이등변삼각형이 무너지지 않고 그립이 진행하는 시간이 만들어지며, 그런 상황에서 헤드는 자연스럽게 젖혀지는 것이다. 이것이 "헤드는 젖히는 것이 아니라 자연스럽게 젖혀지는 것이다"라고 말하는 이유다.

흔히 "손목이 강하다"거나 "손목이 유연하다"는 식으로 표현하는데 그것은 이미지나 감각을 표현한 것이며, 임팩트 부근에서 손목만 움직이는 스윙은 절대로 하지 말아야 한다. 이 시계추 드릴의 경우 한쪽 전환지점에서 앞 팔과 배트가 만드는 각도는 가능하면 90도보다 예각이 되지 않도록 그립을 안정시켜야 한다.

4. 무게를 이용한 '시계추 드릴'

〈사진 8-21〉은 덤벨을 들고 '시계추 드릴'을 실시한 것이다.

그런데 '시계추 드릴'은 왜 아래를 향하고 스윙을 하는 것일까. 이유는 중력을 이용하여 견갑골의 외전 동작(어깨를 오므리는 동작)을 이끌어내기 위해서다. 배트의 무게와 팔의 무게, 스윙에 의한 원심력으로 견갑골이 멀리 당겨지는 작용을 자연스럽게 얻을 수 있는 것이다. 그 때

사진 8-21 덤벨을 쥐고 실시하는 '시계추 드릴'

문에 그런 작용들을 강화, 견갑골이나 흉곽의 보다 큰 동작을 이끌어내려면 배트보다 무거운 물건을 들고 실시하는 쪽이 더 효과적이다.

〈사진 8-21〉에서는 10kg의 덤벨을 이용하고 있지만 효과를 얻으려면 덤벨의 무게가 너무 가벼워서는 의미가 없다. 또 가동영역 훈련으로서는 반복하는 양도 중요하기 때문에 너무 무거워도 바람직하지 않다. 견갑골이 아래로 당겨지는 감각을 충분히 느낄 수 있으면서 양쪽으로 휘두르는 데에도 크게 불편함이 없는, 하반신을 고정시킨 채 상체의 움직임만으로 힘들이지 않고 반복할 수 있는 무게를 이용하여 실시하는 것이 바람직하다. 배트처럼 사용할 수 있는 막대 모양의 무거운 물건이라면 가장 이상적이다.

5. 스윙 동작의 본질을 이해한다

　타격에서 '시계추 드릴'이 중요한 이유는 무엇일까. 언뜻 임팩트 이후에 팔로우 스루로 이행하는 동작을 향상시키기 위한 것처럼 보인다. 물론 그런 효과도 있지만 보다 중요한 의미는 다른 데에 있다.

　아래로 향하고 실시하는 '시계추 드릴' 동작을 상체를 일으키고 실시해보면 〈사진 8-22〉처럼 된다. 몸 앞에서 팔꿈치를 비트는 동작을 중심으로 좌우 대칭을 보이고 있다.

　그리고 이 좌우 대칭의 스윙 동작을 타격 자세에서 하반신을 고정시키고 실시하면 〈사진 8-23〉과 같은 동작이 된다. 이것은 일반적인 타격에서의 스윙 동작과 거의 다르지 않다는 사실을 알 수 있다.

　이 동작이 실제 타격동작과 다른 점은 실제 타격동작의 '톱' 자세에서는 톱 핸드 쪽 팔꿈치나 그립이 몸 앞에서 '앞으로 나란히'를 했을 때 만들어지는 공간보다 바깥쪽으로 벗어나 있다는 것이다(사진 8-24).

　타격에서는 이 '톱' 자세에서부터 임팩트 자세로의 이행 동작을 최대한 빠르게 해야 하는데, 그것은 〈사진 8-27〉의 A에서 D로의 이행처럼

사진 8-22 상체를 일으키고 실시하는 '시계추 드릴' 동작

톱 핸드의 팔꿈치나 그립을 몸 앞에서 '앞으로 나란히'를 했을 때 만들어지는 공간보다 바깥쪽에 놓인 위치에서 얼마나 빨리 안쪽으로 들어오는가 하는 작업이다. 그렇게 하려면 톱 핸드의 팔꿈치를 명치 앞으로 가져오려 하는 것이 아니라, 견갑골과 흉곽이 올바르게 움직여 흉추가 제대로 회선을 하면서 두 어깨를 턱 아래 지점에서 교체하는 상체의 회전동작이 충분히 이루어져야 한다.

만약 이런 움직임들이 나쁘면 '톱'에서 보텀 핸드의 어깨가 턱 아래

사진 8-23 〈사진 8-22〉의 동작을 임팩트 때의 하반신 자세로 실시한 동작

사진 8-24 톱에서는 톱 핸드의 팔꿈 치와 그립이 모두 몸 앞보다 바깥쪽 에 있다

사진 8-25 임팩트에서는 두 팔꿈치 와 그립이 모두 몸 앞의 공간으로 들 어간다(옆면)

사진 8-26 임팩트에서는 두 팔꿈치와 그립이 모두 몸 앞의 공간으로 들어간 다(비스듬히 정면)

사진 8-27 상체의 회전동작에 의해 톱 핸드의 팔꿈치와 그립이 몸 앞으로 이동한다

사진 8-28 견갑골이나 흉곽의 움직임이 나쁘면 톱 핸드의 팔꿈치가 몸 앞의 공간으로 들어오지 않고 배트를 빠르게 내밀 수 없다

사진 8-29 상체의 회전에 의해 톱 핸드의 팔꿈치가 몸 앞으로 빠르게 들어오면서 배트를 빨리 내밀 수 있다

로 들어오지 않고, 스윙을 시작할 때 상체의 회전으로 배트를 이끌어낼 수 없다. 스윙을 시작한 이후 톱 핸드의 팔꿈치와 그립이 모두 몸 앞으로 '앞으로 나란히'를 했을 때 만들어지는 공간 안으로 들어와 주지 않는 것이다(사진 8-28). 보텀 핸드의 어깨가 턱 아래로 들어오기 시작하면서 상체의 회전으로 배트를 이끌어낼 수 있어야 그 상체의 회전에 의해 톱 핸드의 팔꿈치는 몸 앞으로 빠르게 들어온다(사진 8-29). 배트를 빠르게 앞으로 내민다는 것은 이런 구조로 이루어진다.

이처럼 배트를 빠르게 앞으로 내미는 동작과 직접적으로 관련이 있는 견갑골이나 흉곽, 흉추의 움직임을 향상시키면 극단적으로 말해서 골반을 옆 방향으로 그대로 두더라도 상체의 회전동작만으로 대부분의 스윙을 할 수 있다(실제로는 골반을 옆 방향으로 두고 상체만을 충분히 회전시킬 수는 없다. 그에 가깝다는 의미다). 거기에 골반의 움직임도 첨가하여 최종적으로 골반의 방향을 어디까지 바꿀 것인가, 코스에 대응하여 어떤 방향으로 스윙을 향하게 하는가 하는 것들을 정하고, 타구의 방향을 정한다. 골반의 회전이 상체의 회전을 이끌어낸다는 것은 고정관념이다. '톱'에서 '비틀림'을 만드는 이유는 상체의 회전을 이끌어내기 위해서이며, 그 '비틀림' 자세에서 착지를 신호로 상체와 골반이 각각의 역할을 하는 것이다. 착지에서 스윙을 시작하지 않고 골반만 먼저 회전, 상체는 그 움직임에 이끌려나가기를 기다린다면 매우 늦은 최악의 스윙이 될 수밖에 없다.

이처럼 상체의 회전과 골반의 회전이라는 두 가지 회전동작이 각각의 목적에 맞는 동작으로 조합되어 스윙이 이루어지는 것이기 때문에 인코너이건 아웃코너이건 스윙을 시작해서 임팩트까지 필요한 시간에 거의 차이가 없이 끝난다. 이것이 똑같은 리듬으로 공을 불러들이면서 포인트가 다른 모든 코스에 대응할 수 있는 구조다.

바꾸어 말하면, 상체의 회전동작이 나빠서 골반과 상체가 함께 움직일 수밖에 없다면 스윙은 단순한 원 운동이 되어 인코너로 배트를 내밀려면 아웃코너로 배트를 내미는 것보다 더 많은 시간이 필요해지며, 인코너를 기다리면 인코너밖에 대응할 수 없고, 아웃코너를 기다리면 아웃코너밖에 대응할 수 없는 타격이 되어버린다는 것이다. 그 전에 상체의 회전이 부족해서 단순히 골반의 방향을 전환하면서 '손으로 타격을 하는' 결과를 낳기 때문에 배트는 '멀리 돌아' 나가고 헤드는 빨리 뒤집어지며 밀리기 쉽고 걸치기 쉬운, 코스의 폭이나 시간적인 깊이도 핀포인트밖에 타이밍이 맞지 않는 스윙이 되어버린다.

6. '골반의 스윙 동작'과 '상체의 회전동작'을 조합시키는 동작의 개선

제4장에서 소개한, 상체의 회전동작과 보텀 핸드 쪽 리드의 능력 개발에 착안한 드릴을 실시하면 군더더기 없이 빨리 배트를 앞으로 내밀수 있고 헤드가 내려가는 현상이나 '멀리 돌아가는' 현상, 빨리 뒤집어지는 현상 등 스윙에서의 나쁜 버릇을 개선할 수 있다. 그러나 스윙은 단순히 배트를 빨리 앞으로 내밀기만 한다고 끝나는 것이 아니다. 당연히 코스에 맞게 대응하여 공을 타격할 수 있어야 한다. 스윙을 어디로 향하게 할 것인가 하는 문제는 '공을 향하여 휘두른다', '치고 싶은 타구 방향을 향하여 휘두른다'는 의식에 의해 자동으로 이루어지는 것이지만 신체의 움직임으로서는 골반의 최종적인 방향에 의해 스윙의 방향이 조절된다.

즉 상체의 회전동작이 배트가 공에 향하게 하는 직접적인 역할을 담당하며, 골반의 회전동작은 최종적인 회전의 조정으로 인코너인가 아웃코너인가 하는 코스에 대응하는 스윙의 방향성을 결정하는 역할을 담당한다. 그 때문에 상체의 회전동작과 골반의 회전동작이 각각 높은 수준에서 조합되어야 한다.

상체의 회전동작은 척추를 중심으로 두 어깨를 축 회전시키는 움직임이며, 골반의 회전동작은 '벽'이라고 불리는 내딛는 다리의 지탱점을 향하여 뒤쪽 허리가 직선으로 진행하는 움직임이다. 그리고 그 골반의 움직임 안에서도 특히 중요한 것은 착지한 순간에 골반이 옆 방향에 가까운 상태인 채 약간만 내딛는 다리 방향으로 이동하는 '슬라이드 동작'에 의해 시동된다는 점이다.

그러나 상반신과 하반신은 하나로 연결되어 있기 때문에 상체의 회전에 대한 강한 의식은 골반에도 지나친 회전을 일으키기 쉽고, 반대로 골반의 '슬라이드 동작'에 대한 지나친 의식은 상체의 회전에 방해가 되기도 한다. 따라서 상체와 골반의 두 가지 회전동작의 조합 중에서 각각의 움직임이 서로 바람직한 영향을 끼칠 수 있는 동작을 찾아 향상시켜야 한다.

특히 제4장에서 소개한 드릴에서는 보텀 핸드의 리드 능력을 높이기 위해 스윙을 시작한 이후에 즉시 팔로우 스루 방향으로 배트를 내미는 듯한 스윙 궤도로 의도적으로 연습을 했기 때문에 회전동작에 의식이 편중되기 쉽다. 배트를 내미는 방식이 나쁜 선수는 나아지는 모습을 보이기 때문에 큰 문제가 없지만, 상체 회전동작의 수준이 향상될수록 골반에는 '슬라이드 동작'에서의 '벽'을 유지하는 동작이 중요해진다.

여기에서 소개하는 것은 골반의 '슬라이드 동작'과 상체의 회전동작을 조합시키는 수준을 향상시키기 위해 흔히 이용하고 있는 드릴이다.

배트 없이 맨손으로 내딛는 다리를 옆 방향으로 향하여 고정하고 상체의 회전동작만을 실시한다(사진 8-30).

내딛는 다리에 체중을 모두 싣는 것으로 내딛는 다리가 고정되기 쉬운 상태를 만들면서 가장 먼저 보텀 핸드 쪽 어깨만을 턱 아래로 오므리고(사진 8-30 B), 이후에 얼굴의 방향과 내딛는 다리는 전혀 움직이지 말고 톱 핸드 쪽 어깨가 턱 아래로 오는 지점까지 어깨를 오므려 두 어깨를 교체한다(사진 8-30 C).

상체의 회전동작만을 실시한다고 해도 상체를 회전시키면 골반도 어느 정도 돌아간다. 그러나 여기에서는 상체와 골반이 함께 방향을 바꾸

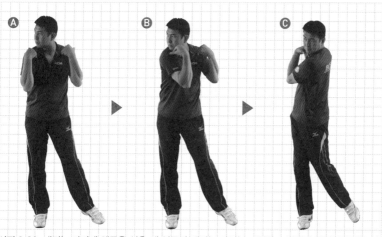

사진 8-30 내딛는 다리에 체중을 실은 채 얼굴과 내딛는 다리는 고정하고 상체의 회전동작만을 실시한다

는 것이 아니라 골반이 옆 방향인 채 슬라이드 하는 도중에 두 어깨가 충분히 교체되는 동작을 실시해야 하기 때문에, 의식적으로 골반은 전혀 회전하지 않고 '슬라이드 동작'만이 이루어지도록 움직인다고 생각해야 한다. 또 뒤쪽 허리가 멀리 돌아가는 방향으로 움직이지 않도록 하기 위해 상체의 회전과 동시에 축각의 발 부분을 발뒤꿈치 방향으로 약간 비켜 놓는 동작도 실시한다.

STEP 2

STEP ①의 동작에서 보텀 핸드만을 이용하여 한 손 스윙을 실시한다 (사진 8-31).

보텀 핸드만으로 충분히 휘두를 수 있는 가벼운 배트를 어깨에 올려 놓고 STEP ①과 같은 자세를 잡는다. 골반이 옆 방향으로 향한 상태를 유지하기 위해 몸의 정면(홈플레이트 방향)에 포인트를 가정하고 얼굴의 방향을 그 포인트에서 움직이지 않도록 하면서 턱 아래에서 두 어깨가 교체되도록 상체를 회전시켜 스윙을 한다.

여기에서도 골반은 '슬라이드 동작'만을 실시한다는 의식을 가진다. 그렇게 하기 위해 상체의 회전에 이끌려 뒤쪽 허리가 멀리 돌아가는 방향으로 움직이지 않도록 축족을 발뒤꿈치 방향으로 비켜 놓는다.

이 STEP ② 전에 배트를 잡지 않고 보텀 핸드만을 휘두르는 동작을 먼저 실시해보는 것도 좋은 방법이다.

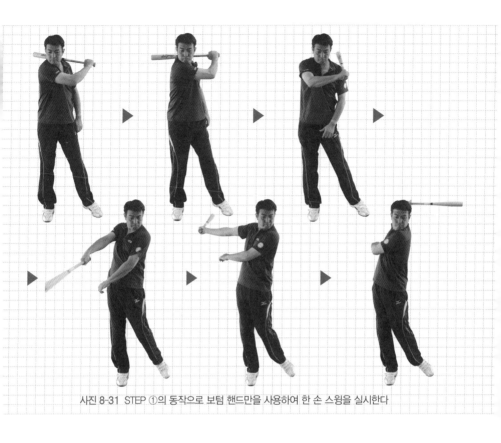

사진 8-31 STEP ①의 동작으로 보텀 핸드만을 사용하여 한 손 스윙을 실시한다

STEP ②의 한 손 스윙을 한 걸음 옆으로 내딛는 스텝 동작을 첨가하여 실시한다(사진 8-32).

여기에서도 몸 앞에 포인트를 가정하고 얼굴의 방향은 움직이지 않는다. 골반은 '슬라이드 동작'만을 실시한다는 이미지로 멀리 돌아가는 회전을 피한다. 그래도 두 어깨는 턱 아래에서 교체, 상체의 회전동작은 충분히 실시할 수 있다.

사진 8-32 스텝 동작을 첨가하여 STEP ②의 한 손 스윙을 실시한다

STEP 4

두 손을 사용해서 STEP ③의 스윙 동작을 실시한다(사진 8-33).

여기에서부터는 가정하는 포인트의 위치를 지금까지와 달리 몸 앞에서 투수 쪽으로 옮기고, 한가운데의 공에 대한 일반적인 위치를 가정하고 스윙을 실시한다. 다만 STEP ③까지 만들어온 골반과 상체의 움직임의 관계는 전혀 바꾸지 않는다. 포인트의 기준은 내딛는 다리의 착지

지점에서 홈플레이트 쪽으로 이동한 공간을 기준으로 조정한다.

이 일련의 드릴을 통해서 얻으려 하는 것은 골반은 옆 방향인 채 '슬라이드 동작'만을 실시, 상체를 충분히 회전시켜 배트를 앞으로 내민다는 의식이다. 골반은 아웃코너 공을 칠 때처럼 '슬라이드 동작'만으로 동작을 멈추지만 상체의 회전이 충분히 작용하기 때문에 인코너 공에도 배트를 적절하게 내밀 수 있다는 이미지다.

다만 〈사진 8-33〉을 보고 알 수 있듯 골반은 '슬라이드 동작'만을 실시하고 옆 방향을 유지한다고 생각하더라도 상체가 회전하면 골반도 회전한다. 그것은 어쩔 수 없는 현상이기 때문에 상관없다. 여기에서 중요한 것은 골반의 회전에서는 약간의 '슬라이드 동작'에서 시작하여 뒤쪽 허리를 멀리 돌아가는 일 없이 직진시키는 것이며, 상체의 회전에서는 유연하고 빠르게 두 어깨를 교체시켜 배트를 순간적으로 앞으로 내민다는 것이다.

이 두 가지 동작의 조합을 높은 수준에서 양립시키는 것이 스윙 동작을 개선하기 위한 가장 본질적인 부분이며, 그것이 야구계에서 누구나 입을 모아 중요하다고 말하는 '열리지 않는다'는 동작을 구체적으로 실현하는 방법인 것이다.

이 두 가지 동작이 높은 수준에서 양립될수록 스윙을 해도 내딛는 다리의 방향은 착지했을 때의 옆 방향을 유지하게 되고(이것이 '벽'을 유지한다는 것), 얼굴의 방향도 착지했을 때의 방향인 채 두 어깨가 충분히 교체되면서 스윙을 할 수 있게 된다(사진 8-33, 8-34).

따라서 STEP ④의 스윙을 실시할 때에는 이 '벽'의 방향을 유지하는

사진 8-33 두 손으로 배트를 잡고 STEP ③의 신체 사용 방법으로 스윙을 실시한다

사진 8-34 내딛는 다리의 '벽'을 유지하면서 착지할 때의 얼굴의 방향을 바꾸지 않고 두 어깨의 교체 동작으로 배트를 내미는 '열리지 않는' 스윙

것과 얼굴의 방향을 유지하는 것을 철저하게 의식해야 하며, 그 중에서도 두 어깨를 턱 아래에서 반드시 교체하도록 해야 한다.

이런 동작을 할 수 있으면 상체는 확실하게 회전하여 스윙을 하고 있지만 본인은 시각적, 감각적으로 옆 방향을 유지한 채 스윙을 하고 있는 것처럼 느끼게 되고, 주위에서 볼 때 '열리지 않는다'고 표현하는 스윙 동작이 되는 것이다.

그리고 이 '열리지 않는다'는 스윙 동작을 구사할 수 있게 되면 배트는 '안쪽에서' 순간적으로 앞으로 나가는 타원형의 스윙 궤도를 실현할 수 있으며, 임팩트 부근에서는 배트의 중심이 투구선 위를 직선으로 진행하는 시간이 길어진다.

저자의 말

내가 타격동작에 관하여 지금과 같은 견해를 갖추게 된 것은 야구를 시작했을 때 "어떻게 하면 좀 더 잘 칠 수 있을까?" 하고 느꼈던 단순한 탐구심을 지속적으로 추구해온 결과다. 처음에는 프로 야구선수를 흉내 내는 것부터 시작해서 연속사진집을 보면서 나름대로 분석까지 하게 되었다. 그것이 점차 세밀해지더니 표면적인 동작에서부터 관절의 움직임 쪽으로 관점이 옮겨진 것이다.

타격도 결국은 인간의 신체가 이루어내는 운동이기 때문에 골격이 움직인 결과로 나타나는 현상이다. 그 때문에 기술을 추구하다 보면 반드시 관절의 움직임에 관심을 가지게 된다. 따라서 기술을 지도하는 코치는 신체의 구조와 동작의 구조를 반드시 알고 있어야 한다.

그런 의미에서 보면 트레이닝 코치로 일했던 경험이 나의 기초를 만들어 주었다고 말할 수 있다. 나는 트레이닝 코치로서 '야구 퍼포먼스 향상을 위한 전문 트레이닝 방법의 체계화'에 뜻을 두고 있었기 때문에 늘 야구의 동작을 분석적으로 관찰, 선수들에게 '효과적인 신체 사용 방법을 실현하기 위한 토대로서 필요한 신체기능을 만들고 강화할 것'을 반복해 왔다. 그 작업은 넓은 의미에서의 기술지도이며 그 중에서도 가장 저변에 위치하는, 문제의 원인을 해결하는 부분에 해당한다. 이것이

기술지도를 할 경우에 동작의 구조를 알아야 하는 이유다. 구조를 이해하면 원인을 알 수 있고, 원인을 파악하면 정확하게 대처할 수 있다.

즉 내가 야구를 시작했을 무렵에 가슴에 품었던 "어떻게 하면 좀 더 잘 칠 수 있을까?"에 대한 해답이나 트레이닝 코치로서 뜻을 둔 '야구의 전문적 트레이닝'은 '퍼포먼스 향상'이라는 목적에서 본다면 굳이 '이것은 기술', '이것은 트레이닝'이라고 구분할 필요 없이 결과적으로 같은 주제였다. 그 결과 얻을 수 있었던 해답은 "기술 성립을 '동작의 구조'로서 구체적으로 이해한다", "그 이해를 바탕으로 명확한 과제에 대해 수단을 강구하고 노력한다"는 것이다. 전자는 〈타자 이론편〉의 내용이고, 후자는 이 책 〈타자 실천편〉의 내용이다.

어떤 일이건 확실하게 성과를 얻으려면 그 출발점은 '구조를 이해하는 것'이다. 따라서 이 책 〈타자 실천편〉을 읽는 독자 여러분은 〈타자 이론편〉도 함께 읽어보기를 권한다. 이 책에서 소개한 드릴을 실행할 때에는 만들고 싶은 동작이나 드릴의 의도 등을 정확하게 이해하고 '올바르게 실행'하는 것이 중요하다.

이 책이 미래의 야구계 발전에 큰 기여를 할 수 있기를 바란다.

마에다 켄前田健(BCS Baseball Performance 대표)

BCS 베이스볼 퍼포먼스 안내

베이스볼 퍼포먼스의 발상

야구의 퍼포먼스 향상을 위해서는 무엇보다 효과적인 신체 사용법의 습득이 중요하다는 생각을 기반으로 "야구에 효과적인 움직임을 만들어, 그 움직임을 강화하기 위해 트레이닝을 한다", "야구의 동작구조에서부터 퍼포먼스에 이르기까지 정말 효과적인 트레이닝을 독자적으로 만들어낸다"는 것이 베이스볼 퍼포먼스의 발상입니다. 그러한 "신체 사용법"을 기반으로 한 노력에는 당연히 "야구의 동작구조를 세부까지 해명한다"는 분석작업이 따라다닙니다. 그러다보니 어느새 "야구의 동작구조에 대한 지식과 분석력"이 트레이닝 코치로서 저의 가장 큰 "무기"가 되어 있었습니다.

일본 프로야구 한신 타이거즈를 퇴단하고 자유 코치로 독립함에 있어 "자신밖에 없는, 그 누구에게도 지지 않는 강점이란 도대체 무엇인가", "앞으로 야구계에 내가 어떻게 기여할 수 있는가"를 다시 한 번 생각했습니다. 그때 떠오른 것이 저의 "무기", 다시 말해 "야구의 동작구조에 대한 지식과 보는 눈, 그 기초가 되는 동작의 분석력은 누구에게도 뒤지지 않는다"는 것이었습니다.

독립 당시에는 야구 동작의 동작방식을 기반으로 한 야구 전문 트레이닝 지도를 활동의 중심으로 할 생각으로 "Baseball Conditioning Systems"이라는 이름으로 출발했습니다. 그리고 야구의 동작 메커니즘에서 트레이닝을 생각해 "베이스볼 키네틱 트레이닝Baseball kinetic training"이라는 제목으로 잡지 연재를 시작했습니다. 그런데 지도의 예약은 트레이닝 지도보다 "동작 개선지도"에 집중되었고, 연재에서는 동작구조에 대한 해설에 큰 반향이 있었습니다.

저는 거기에서 처음으로, 지금의 야구계에 요구되고 있는 것은 감각이나 이미지에 치중하는 현재의 애매한 기술론을 동작구조, 신체구조라는 관점에서 구체적으로 설명하고, 무엇이 정말 옳고 무엇이 잘못됐는지 명확한 근거를 제시해서 정리하는 것이라고 깨달았습니다. 그리고 그것은 트레이닝 코치로서 항상 분석적인 눈으로 야구 동작을 봐왔던 저의 가장 특기인 부분이며, 그것이야말로 앞으로 야구계의 발전에 가장 기여할 수 있는 저의 존재가치라고 느꼈습니다. — 마에다 켄前田健

동작개선 지도란 무엇인가?

동작을 개선한다는 것은 전혀 경험한 적 없는 새로운 동작을 경험시켜 그것을 반복하여 정착시키는 것입니다.

좋은 동작에는 이유가, 나쁜 동작에는 원인이 있습니다. 동작개선 지도를 받으면서 "열리는 것을 참아라!", "팔꿈치를 더 높이!", "돌진하지 마!"라는 지시를 받는데, 그것을 의식하는 것만으로는 개선할 수 없습니다. 그것은 다른 원인에서 연동된 동작으로 "어떻게 해서든 그렇게 되어버리는 것"이기 때문입니다.

그 문제를 해결하려면 근본 원인에 대한 접근이 필요합니다. 그것은 나쁜 동작에 한정된 것만이 아니라, 좋은 동작도 그 동작이 자동적으로 그렇게 되는 데는 이유가 있습니다. 즉 모든 동작은 어떤 원인 동작의 결과로서 "그렇게 되기 위해 움직이고 있다는 것", "일어나도록 하여 일어나고 있다"는 필연적인 것입니다.

그러므로 지도자는 동작의 구조를 구조적으로 이해하고 있어야 합니다.

스텝1 지도의 시작 – 현재의 폼을 VTRvideo tape recorder로 촬영합니다.

스텝2 해설, 과제 확인 – VTR을 보면서 효과적인 신체 사용법은 어떤 것이며, 그것은 왜 그럴까, 퍼포먼스를 향상시키기 위해 필요한 신체 사용법이나 현재의 문제점은 어디에 있으며, 그 문제의 움직임은 왜 생기고 있는가 등 선수의 수준과 이해력에 상응하는 내용을 구체적으로 설명하고, 앞으로의 노력과 익혀야 할 목표를 명확하게 제시합니다.

처음에는 코치가 말하는 것을 납득할 수 있으면 충분합니다. 개선 드릴(기능이나 능력을 향상하기 위한 반복 학습)을 통해 이해는 깊어지고, 끝날 무렵에는 감각으로도 "이런 것이 있구나!"라고 알 수 있습니다.

스텝 3 개선 레슨 – 개선 드릴이나 각종 움직임 만들기 체조를 단계적으로 추진하여 그 자리에서 새로운 동작을 만들어 감각을 심어갑니다. "그 날에 갈 수 있는 곳까지 간다!"는 것이 기본자세입니다. 그동안 필요에 따라 VTR로 현재 상황을 확인하면서 동작의 이해가 깊어져갑니다. "필요한 동작을 이해하는 것", "자신이 할 수 없었던 원인을 이해하는 것"이 향상을 앞당기는 중요한 포인트이며, 그것은 초등학생도 가능합니다. "아하! 그렇구나!" 하는 스스로의 자각을 늘일 것입니다.

스텝 4 정리 – VTR로 개선 연습 후의 폼을 보고 무엇이 되면서 볼이나 스윙이 좋아졌는지, 무엇이 아직 충분히 익혀지지 않았는지를 확인하고, 그 불충분한 동작이 금방 안 된 원인이 무엇인지, 그 움직임이 될 수 있게 하려면 어떤 연습과 트레이닝을 해야 하는지 등 향후 극복해야 할 과제는 물론, 집이나 그라운드에서 스스로 실천해야 할 연습방법을 알려드립니다.

스텝 5 지도 종료 – VTR은 집에서 복습하기 위해 가져갈 수 있습니다. 그리고 다음 예약 희망 날짜를 코치와 상의해서 정합니다.

BCS 베이스볼 퍼포먼스 한국 점

무엇을 누구로부터 배웠다는 것으로 야구 인생이 바뀝니다. BCS Basebase Conditioning Systems 베이스볼 퍼포먼스는 투구와 타격의 올바른 신체 사용법을 몸에 익히는 것을 목적으로 하는 "야구 개인기술 향상 전문 스쿨"입니다.

현재 여러분이 목표를 가지고 연습하고 있는데 생각과 같은 결과가 나오지 않아 힘든 것은 알지만, 무엇을 어떻게 개선해야 할지 모르는 등 각각의 상황이 있다고 생각합니다. 야구계 전체가 기술을 알고 있는 듯하지만, 그 파악하는 방법은 여전히 감각적인 세계에서 벗어나지 못하고 있으며, 아직도 애매모호한 것이 현실입니다. 지도자들이 "왜 그렇게 되는지"에 대한 신체구조를 알고 있지 않으면 단순히 문제를 지적하는 것만으로 끝나버립니다. 다시 말해 우리 몸의 움직임, 즉 '작동원리'를 알고 그 원인이 분명해야 할 일이 명확해집니다.

BCS 베이스볼 퍼포먼스에서는 사람의 몸 구조를 정확히 이해하고, 어떤 부위가 어떻게 사용되어야 하는지를 구체적으로 설명하고, 그것을 바탕으로 지도합니다. 우리는 동작개선이 전문입니다. 어느 영역이나 마찬가지겠지만, 야구에도 선천적으로 재능이 있는 사람은 확실히 있다고 생각합니다. 하지만 재능이 있다고 말하는 선수도, 재능이 없다고 말하는 선수도 최종 도달점은 결정되지 않았습니다. 재능이 없다고 생각하는 사람이 자신의 본래 능력을 최대한 발휘하는가 하면, 일부 재능이 있는 사람이 자신의 재능을 전혀 발휘하지 못하는 것이 현실입니다.

하지만 분명한 것은 모든 선수가 더 잘 될 수 있는 능력이 있음에도 아직 그 능력을 알지 못해 제대로 터트리지 못한 미개발 부분 투성이라고 생각합니다. 이런 현실에서 제가 목표로 하는 것은, 야구를 좋아하고 열심히 노력하는 선수가 올바른 노력으로 실력이 향상되어 재능 있는 선수들과 호각互角으로 맞붙을 수 있는 야구계의 완성입니다.

– 김우식(BCS 베이스볼 퍼포먼스 한국 점 대표)

| BCS 베이스볼 퍼포먼스 요금체계 |

개인 입회금		개인입회: 50,000원
월 회비(입회금 별도)	사회인	100,000원(2:1 지도시 80,000원)
	초등생	100,000원
	중등생	120,000원
	고,대생	150,000원
	프로 선수	200,000원
정기 지도	100,000원 (사회인 / 초등생)	매주 1회 / 4회 380,000원
		매주 2회 / 8회 720,000원
	120,000원 (중등생)	매주 1회 / 4회 460,000원
		매주 2회 / 8회 880,000원
	150,000원 (고, 대생)	매주 1회 / 4회 580,000원
		매주 2회 / 8회 1,120,000원

| 2개의 프로그램 요금 |

1. 개별상담 동작분석 + 메커니즘 해설	3만원 / 30분(투, 타 중 하나)
	6만원 / 60분(투, 타 양쪽)
2. 개별상담 동작분석 + 메커니즘 해설 + 포인트 동작지도 체험	8만원 / 분석해설 30분 + 동작지도 30분 (투, 타 중 하나)
체험 프로그램 특전	당일에 주 1회의 "정기지도 코스"를 예약하는 분은 입회금 5만원 - 무료

※ 체험 프로그램 신청은 1, 2 어느 것이든 회원당 한 번으로 한정하겠습니다(다음 회부터는 평상시의 지도 프로그램이 되겠습니다).

| BCS 베이스볼 퍼포먼스 한국 점 |

서울: (우) 05583 서울 송파구 백제고분로 224 창대빌딩 지하 2층
　　　 (예약 상담 070-4144-9100 / HP 010-9039-5130)
경기: (우) 14305　경기도 광명시 범안로 1040 골드프라자 601호
　　　 (예약 상담 070-8862-9100 / HP 010-3839-6757)

• 홈페이지: www.bcs-bp.co.kr
• 페이스북: https://www.facebook.com/baseballBCS

마에다 켄의 타격 메커니즘 4 - 타자 실천편

지은이 | 마에다 켄(前田健)
옮긴이 | 이정환
펴낸이 | 박영발
펴낸곳 | W미디어
등록| 제2005-000030호
1쇄 발행 | 2017년 8월 19일
주소 | 서울 양천구 목동서로 77 현대월드타워 1905호
전화 | 02-6678-0708
e-메일 | wmedia@naver.com

ISBN 978-89-91761-96-4 (03690)

값 16,000원